U0359858

电动汽车
火灾安全技术

招商局检测车辆技术研究院有限公司
电动汽车火灾安全联合创新实验室　组编
中国电动汽车火灾安全指数技术委员会

◎　赵永刚　主编

机械工业出版社
CHINA MACHINE PRESS

在电动汽车产业高速发展的同时，汽车起火事故日趋增加，火灾安全问题已成为行业和用户关注焦点，也是电动汽车产业继"里程焦虑"和"充电焦虑"后所面临的第三大难题。本书着眼下一代电动汽车技术，以火灾安全为焦点，从标准法规、仿真模拟、产品开发等角度全面分析了电动汽车产业技术现状；统计分析了历年国内电动汽车火灾事故案例；报告了当前电动汽车火灾安全技术的最新进展，包括虚拟仿真、电池防护、安全预警、消防救援、事故鉴定等；阐明了电动汽车火灾动力学机理；结合"中国电动汽车火灾安全指数"，验证了不同场景下的电动汽车火灾安全性，形成了针对典型场景的测评报告；提出了一些有针对性的建议和展望，以期为电动汽车产业的发展提供有力支持。

本书适用于电动汽车产品开发、检验检测和消防救援相关人员学习参考，也可作为大专院校汽车相关专业师生的参考书。

图书在版编目（CIP）数据

电动汽车火灾安全技术 / 招商局检测车辆技术研究院有限公司，电动汽车火灾安全联合创新实验室，中国电动汽车火灾安全指数技术委员会组编；赵永刚主编 .
北京：机械工业出版社，2024. 8. -- ISBN 978-7-111-76467-0

Ⅰ . U492.8
中国国家版本馆 CIP 数据核字第 2024R63Q16 号

机械工业出版社（北京市百万庄大街22号　邮政编码100037）
策划编辑：何士娟　　　　　　　责任编辑：何士娟　王　婕
责任校对：贾海霞　陈　越　　　封面设计：张　静
责任印制：张　博
北京建宏印刷有限公司印刷
2024年10月第1版第1次印刷
169mm × 239mm・9.5印张・2插页・113千字
标准书号：ISBN 978-7-111-76467-0
定价：129.90元

电话服务　　　　　　　　　网络服务
客服电话：010-88361066　　机 工 官 网：www.cmpbook.com
　　　　　010-88379833　　机 工 官 博：weibo. com/cmp1952
　　　　　010-68326294　　金 书 网：www.golden-book.com
封底无防伪标均为盗版　　机工教育服务网：www.cmpedu.com

编　委　会

前　言

P R E F A C E

————

　　发展新能源汽车是全面贯彻新发展理念的集中体现，是我国从汽车大国迈向汽车强国的必由之路，是应对气候变化、推动绿色发展的战略举措，对有效缓解能源和环境压力、推动汽车产业转型升级、提升国际竞争力具有重要意义。根据彭博社的数据，截至 2023 年年底，全球新能源汽车保有量约 4000 万辆，其中我国保有量为 2041 万辆，我国在整车、电池、电机驱动系统、车联网、充电设施等全产业链的规模和增长速度均居全球首位。

　　在电动汽车产业高速发展的同时，消费者对电动汽车的"安全焦虑"日趋显著，火灾安全问题已成为行业和用户关注焦点，也是电动汽车产业继"里程焦虑"和"充电焦虑"后所面临的第三大难题。电动汽车火灾动力学机理区别于传统汽车，具有热释放率大、烟气释放快、火焰蔓延迅速等特点，电动汽车一旦发生起火，就会对交通和公共安全造成严重影响。目前，全球范围内对电动汽车火灾安全性的研究尚处于起步阶段，从产品研发、试验验证、安全监管、消防救援、事故调查等方面均存在着基础理论不清晰、标准规范不完善、设备设施不适用、数据统计分析不深入等问题。

　　为切实推动我国电动汽车产业高质量可持续发展，构建国际领先的电动汽车火灾安全体系，为行业和国家提供技术支撑，由招商局检测车辆技术研究院有限公司联合电动汽车火灾安全联合创新实验室（组成单位：招商局检测车辆技术研究院有限公司、北京理工大学电动车辆国家工程研究中心、吉利汽车研究院（宁波）有限公司、中国科学技术大学先进技术研究院、宁德时代新能源科技股份有限公司、特来电新能源股份有限公司、招商局重庆交通科研设计院有限公司）以及中国电动汽车火灾安全指数技术委员会，共同编写《电动汽车火灾安全技术》一书。

本书着眼下一代电动汽车技术，以火灾安全为焦点，对国内外电动汽车产业的现状以及电动汽车火灾事故案例进行了深入研究；同时，介绍了当前电动汽车火灾安全技术的最新进展，包括虚拟仿真、电池防护、安全预警、消防救援、事故鉴定等；结合"中国电动汽车火灾安全指数"，验证不同场景下的电动汽车火灾安全性，形成了针对典型场景的测评报告；提出了一些有针对性的建议和展望，以期为电动汽车产业的发展提供有力的支持。

本书的编写得到了中华人民共和国交通运输部、中华人民共和国工业和信息化部、国家市场监督管理总局、中国消费品质量安全促进会、中国汽车工程学会、中国汽车工业协会等单位的指导和支持，在此一并致谢。

限于目前电动汽车产业发展阶段和编者的研究高度与角度，本书仍有诸多待改进之处，欢迎各位读者提出意见和建议，共同推进电动汽车火灾安全技术的发展。

编　者

目 录

第 1 章

全球电动汽车产业现状

1.1 我国电动汽车产业发展势头强劲

汽车产业覆盖面广、产业链长，是国民经济的支柱产业。推动汽车产业绿色低碳转型，是落实国家"双碳"目标和汽车产业高质量发展的必然要求。近年来，国家持续大力支持电动汽车产业发展，出台了一系列涵盖安全管理、标准体系、"双碳"目标、促进消费、行业管理、积分管理、基础设施、金融政策、物流运输等方面的政策，已基本形成相对完整的电动汽车研发和推广应用体系。

近年来，我国电动汽车产业克服重重困难，实现快速升级。据中国汽车工业协会统计数据显示，2014年我国电动汽车销量7.48万辆[1]，2023年我国电动汽车产销分别完成958.7万辆和949.5万辆，同比分别增长35.8%和37.9%[2]，我国电动汽车近10年销量数据如图1.1所示[1-3]。据公安部统计，截至2023年年底，我国新能源汽车保有量达2041万辆[4]，我国在整车、电池、电机驱动系统、车联网、充电设施等方面的规模均居全球首位[5]。中国汽车品牌产品竞争力优势突出，陆续走出国门并得到国外用户认可，市场竞争力逐步提升。2023年，我国电动汽车整车出口120.3万辆，同比增长77.6%，主要出口至俄罗斯、比利时、墨西哥、澳大利亚、沙特、英国等国家。电动乘用车已获市场高度认可，插电式混合动力产品及大电量、长续驶里程产品倍受关注。电动商用车市场规模进一步增长，纯电动是新能源货车的主流技术路线，根据特定场景打造的电动运输车、牵引车和自卸车等发展迅速。另外，我国在动力电池、电机、电控等关键零部件领域也处于国际先进水平，主要车企零部件国产化率达到 80% 以上[3]。相关零部件企业也快速融入全球供应链体系，2023 年我国汽车零配件出口金额达 876 亿美元，同比增长 9.0%[6]。

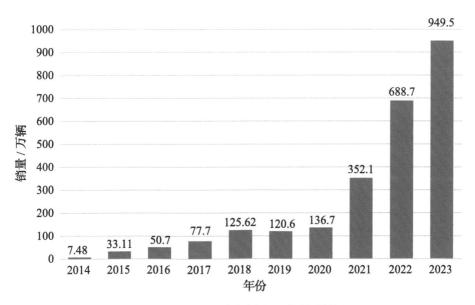

图 1.1　我国电动汽车近 10 年销量数据

电动汽车产业在国内的规模化提升，促进全球化推广应用体系逐渐成熟，进一步带动了电动汽车产业链上下游的基础原材料、关键零部件、装备制造和回收利用等价值链关键环节走向全球市场。依托国内完备的电动汽车产业体系，各主要整车及零部件企业加速海外生产布局，上汽、北汽、长安、重汽、吉利、比亚迪、奇瑞、长城、宇通等整车企业，宁德时代、亿纬锂能、国轩高科、蔚蓝锂芯、华友钴业等锂电及原材料企业积极参与全球化发展战略，已经或筹备在俄罗斯、印尼、埃及、泰国、斯里兰卡、埃塞俄比亚等地合作建厂，进行属地化经营服务，助力当地绿色低碳发展。

1.2 国外电动汽车产业发展后劲十足

据 SNE Research 统计[7]，2023 年全球中国以外电动汽车销量约 564 万辆，同比增长 31.7%，主要以欧系、美系、韩系等车型为主。以特斯拉为代表的美系车销量为 120.5 万辆，同比增长 37.8%；欧洲大众汽车集团、Stellantis 集团、宝马集团分别销售 77 万辆、56.2 万辆和 42.6 万辆；现代汽车集团销量为 55.9 万辆，如图 1.2 所示。国外电动汽车产业发展后劲十足。

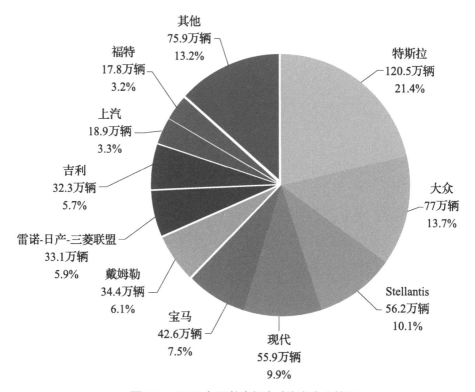

图 1.2 2023 年国外市场电动汽车企业销量

在"碳中和"背景下，多国政府大力推动发展电动汽车产业。2021年，拜登签署行政令，要求到 2030 年美国电动车的销量要占乘用车总销量的 50%[8]；2023 年，欧洲议会通过《2035 年欧洲新售燃油轿车和小货车零排放协议》，要求相关车型在 2035 年实现零排放。

美国通过减免税收和绿色积分激励政策发展电动汽车产业，并促进产业链回流。2022 年 8 月，美国出台《通胀削减法案》，在 2023—2032年为符合条件的电动汽车提供最高 7500 美元的个税抵免补贴。美国加州通过的零排放汽车二期法规，强制要求 2035 年销售的新车全部实现零排放，否则汽车制造商将面临罚款[3]。

近年来，德国、法国、英国、挪威、瑞典等欧洲国家大力推广应用电动汽车，欧洲电动汽车市场渗透率较高且提升较快。欧洲各国也采取了相关的激励政策，如德国 2016 年以来，已为约 210 万辆电动汽车提供了约 100 亿欧元补贴[9]；法国及意大利等国延续购车补贴；丹麦、荷兰等国出台了对零排放汽车免税等政策，促进了优质车型的供应，推动欧洲电动汽车市场和产业的发展[3]。2023 年 2 月，欧洲议会通过了《2035年欧洲新售燃油轿车和小货车零排放协议》修订提案，规定 2035 年禁售车型范围包括 HEV 和 PHEV。2023 年 6 月，欧洲议会通过了《欧盟电池与废电池法》，对投放到市场的电池实施全生命周期监管，并在电池碳足迹监管等方面提出具体要求和实施路径[10]。

日本政府推出"CEV 补贴"、基础设施补贴和"绿色税制"等政策，支持电动汽车发展，大力推广 HEV 技术和燃料电池技术等，并处于领先地位，丰田和日产等日系品牌具有较强竞争力。

韩国也大力发展电动汽车技术，且市场规模发展迅速，2023 年，韩国电动汽车市场渗透率达到 9.3%[11]。2023 年 8 月，现代汽车集团宣布将为它在美国佐治亚州建设的电动汽车工厂追加 20 亿美元投资[12]。

1.3 电动汽车产业发展展望

1.3.1　电动汽车市场规模将持续扩大

截至 2023 年 9 月，全球已有超过 150 个国家作出了碳中和承诺，绿色低碳也是全球汽车产业发展趋势。各国政府对电动汽车环保产业的支持力度不减，欧美等发达国家继续优化绿色低碳政策体系，欧盟进一步优化"2035 禁燃"进程，美国也鼓励发展本土电动汽车产业。

中国、美国、德国、英国、法国及其他主要欧洲国家仍是全球电动汽车主要市场。中国电动汽车市场环境好、产品丰富，市场规模将继续扩大，继续保持全球优势地位。欧美等汽车强国从顶层战略上支持发展电动汽车，美国发布多项激励政策，推动电动汽车产业发展和本地化生产。通用汽车加速电动化转型，预计到 2025 年，北美电动汽车产能超过 100 万辆；福特汽车 2026 年规划产量达 200 万辆以上[3]；特斯拉奥斯汀工厂计划提高 Model Y 产量，到 2025 年 Cybertruck 年产量目标是 25 万辆[13]。随着通用、福特等美国本土车企转型，大众、丰田等打造美国本土供应链，美国电动汽车市场有望继续快速增长。

1.3.2　全球电动汽车产业链整合进程加快

在当前国际形势下，产业链稳定性受到各国高度重视，全球产业链开始向多中心化方向转变。主要国家不断增强产业链掌控能力，集群化局势逐渐形成。美国对整车及动力电池本地化生产的引导，将加速产业链回流。欧美等主要国家正加紧构建形成东亚、欧洲、北美洲三大电动汽车产业供应链集群。

全球主要汽车企业纷纷打破地区界线，创新研发合作模式，提高零部件通用化模块化水平，采用全球化平台集中采购、模块化供货等方式，优化资源配置，增强整车价值链属地化的配套水平。对产业链的整合，减少了研发周期和成本，提高了国际竞争力。

中国是世界汽车产业链的重要节点之一。在市场驱动和政策支持下，中国企业积极融入全球电动汽车产业链，克服近年来运输成本上涨、国外整车和零配件缺失、进口原材料减少等困难，整合资源，提升全球供应链韧性；并以国内电动汽车动力电池、电机、整车集成等规模化优势，推动产业链协同海外发展，探索资本、技术、商业模式、标准法规等方面的全要素国际合作，打造国内企业海外供应链合作新机制，进一步增强电动汽车全球产业供应链的安全性和稳定性。

1.3.3　我国电动汽车出口和海外发展全面推进

2021 年以来，在贸易保护主义抬头和部分地区冲突等复杂形势下，世界各国产业链受到不同程度影响。我国通过与各国政府部门、行业组织、汽车企业等的紧密合作，搭建国际交流合作平台，最大限度地降低了不利因素的影响，营造了良好的海外市场环境。依托完整的汽车工业产业链，以及国家在标准、金融、物流等方面的配套支持，我国企业通过创新营销模式、拓宽出口市场、完善售后服务网络等措施，汽车出口连续多年增长明显。电动汽车出口市场主要是欧洲和东南亚，其中上汽、吉利、比亚迪等自主品牌车型出口表现突出[14]。2023 年电动汽车海外销量前十企业集团及销量占比统计如图 1.3 所示。

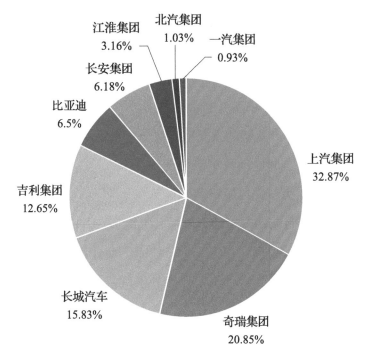

图 1.3　2023 年电动汽车海外销量前十企业集团及销量占比统计

　　在欧洲和东南亚等国家，中国品牌在智能化、电动化等方面得到市场认可。部分国家如泰国、印度尼西亚、俄罗斯等制定了相关优惠政策大力发展电动汽车产业，吸引我国大量整车及上游供应链企业根植当地市场，进行本土化发展。我国电动汽车整车及零部件企业加速海外布局，积极合资合作、投资建厂，打造海外产业生态圈，电动汽车海外生产基地和营销服务网点覆盖欧、美、东盟、南亚、中东等全球主要市场。

　　随着越来越多的企业融入全球电动汽车产业链体系，在政策支持、标准互认、金融投资、基础设施、物流贸易、人才培养等方面的国际合作日益紧密，将有力推动全球汽车产业进入电动化、智能化融合发展的新阶段，促进汽车产业绿色低碳发展。

1.4 "火灾安全焦虑"问题急需解决

大力发展电动汽车自始至终是我国汽车产业的一个战略发展方向，如今看来，我国电动汽车产业不仅实现了弯道超车，更是开辟了一条全新的赛道，开启了一个全新的征程。虽然，我国汽车产业用 10 余年的时间取得了举世瞩目的成绩，但是依然要清醒地认识到，电动汽车产业的持续健康发展还存在一大障碍——"火灾安全"。

电动汽车起火事件时有发生，其突发性强、危害大，加深了消费者的安全顾虑。"火灾安全焦虑"也是继"里程焦虑"和"充电焦虑"后，电动汽车产业急需解决的第三大难题，严重制约了产业持续健康发展。

目前，电动汽车火灾的体系化研究有待提升，行业缺乏统一的车辆火灾安全相关的开发流程和标准体系，总体来讲，电动汽车火灾安全研究急需攻克的难点诸多，主要表现为"设计难、验证难、监管难、消防难和调查难"的五大难问题，如图 1.4 所示。电动汽车行业急需深入研究全生命周期火灾安全技术，建立健全电动汽车火灾安全体系，全面缓解安全焦虑，助力产业持续健康发展。

图 1.4　电动汽车火灾安全难点

参考文献

［1］ 中国政府网 . 我国汽车产销量双双突破 2300 万辆 连续六年全球第一［EB/OL］.（2015-01-12）［2024-04-12］.https：//www.gov.cn/xinwen/2015-01/12/content_2803337.htm.

［2］ 中国政府网 .2023 年我国汽车产销量首次突破 3000 万辆［EB/OL］.（2024-01-11）［2024-04-12］.https：//www.gov.cn/yaowen/liebiao/202401/content_6925448.htm.

［3］ 中国汽车技术研究中心，日产（中国）投资有限公司，东风汽车有限公司 . 中国新能源汽车产业发展报告（2023）［M］. 北京：社会科学文献出版社，2023.

［4］ 中国政府网 . 全国机动车保有量达 4.35 亿辆 驾驶人达 5.23 亿人 新能源汽车保有量超过 2000 万辆［EB/OL］.（2024-01-11）［2024-04-12］.https：//www.gov.cn/lianbo/bumen/202401/content_6925362.htm.

［5］ 新华网 . 产销量连续九年位居全球第一 中国新能源汽车在海外市场受欢迎［EB/OL］.（2024-02-01）［2024-04- 12］.http：//www.xinhuanet.com/auto/20240201/22f4c66018724d57a0954d996d101c42/c.html.

［6］ 新浪财经 . 汽车零部件行业业绩分化：近八成公司净利润增长，国际化趋势显著［EB/OL］.（2024-04-23）［2024-04-28］.https：//finance.sina.com.cn/jjxw/2024-04-23/doc-inasvmtt2013514.shtml.

［7］ 手机网易网 . 机构：2023 年中国以外全球电动汽车交付 564.8 万辆，增长 31.7%［EB/OL］.（2024-02-16）［2024-04-12］.https：//m.163.com/dy/article/IR27B4D60511B8LM.html.

［8］ 腾讯新闻 . 拜登设定 2030 年全美新能源汽车渗透率 50% 目标［EB/OL］.（2021-08-07）［2024-04-12］.https：//new.qq.com/rain/a/20210807A073CG00.

［9］ 崔东树 .2023 年中国汽车出口海外部分数据跟踪 -12 月［EB/OL］.（2024-2-05）［2024-04-12］.https：//mp.weixin.qq.com/s/ATG9aY4ra7S9oLmLHWFbhg.

［10］中国法院网 .《欧盟新电池法》的形成与主要内容［EB/OL］.（2024-09-15）［2024-04-12］.https：//www.chinacourt.org/article/detail/2023/09/id/7534333.shtml.

［11］IT 之家 .2023 年韩国电动汽车渗透率 9.3% 远低于中国，但高于美国和日本

［EB/OL］.（2024-02-12）［2024-04-12］.https://www.ithome.com/0/750/090.htm.

［12］财富中文网.现代汽车在美国建设电动汽车工厂，获得"史上最慷慨政策优惠"［EB/OL］.（2023-09-18）［2024-04-12］.https://www.fortunechina.com/shangye/c/2023-09/18/content_439834.htm.

［13］汽车之家.通用北美电动车产能 2025 年突破 100 万辆［EB/OL］.（2023-10-19）［2024-04-12］.https://new.qq.com/rain/a/20231019A00T0800.

［14］网易.我国纯电动汽车出口国排名 Top40 榜单，国别、数量、单价［EB/OL］.（2024-3-14）［2024-04-12］.https://www.163.com/dy/article/IT8E70IG 055641S7.html.

第 2 章

电动汽车火灾
安全技术现状

现阶段，全球范围内对电动汽车火灾安全性研究尚处于起步阶段，在产品研发、试验验证、安全监管、消防救援、事故调查等方面均存在着基础理论不清晰、标准规范不完善、设备设施不适用、数据统计分析不深入等问题，需要政府监管部门、整车制造企业、零部件制造企业、研究机构和高校的共同参与，开展"政产学研用"协同创新，以建立健全全产业链的火灾安全技术体系。

2.1 电动汽车整车级火灾仿真技术

电动汽车火灾诱因复杂多变、运行场景多样化，涉及机械、电气、热工、化学、材料等多学科。全球范围内针对电动汽车整车火灾的多因素耦合正向仿真技术目前处于探索阶段，吉林大学、斯洛伐克科技大学[1-2]等机构开展了整车级的火灾仿真研究，但是大多基于传统的建筑火灾，以传统燃油汽车为主，且局限于具体火灾案例的逆向重构，模型简化严重，仅能对汽车火灾开展定性分析，如图2.1所示。若要完成适用于电动汽车正向开发的整车级火灾仿真平台开发，有三大关键问题亟需解决。

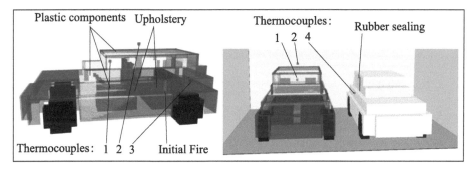

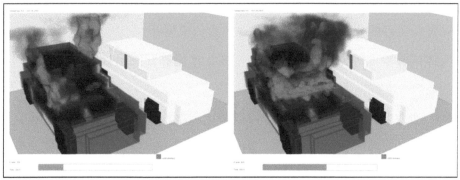

图 2.1　斯洛伐克科技大学汽车火灾仿真过程

（1）工程化的动力电池火灾仿真模型不成熟

目前动力电池火灾仿真技术尚处于初始研究阶段，模型搭建所需的数据种类和数据量不足，"机、电、热、化学、材料"多维耦合程度较低，无法真实全面地反映动力电池故障发生发展的过程，特别是没有形成可工程化应用的电池系统火灾仿真模型。

（2）模块化的汽车关键构件属性库不完善

在火灾仿真中，材料热物性参数的准确性是保证仿真精确性的前提。随着材料科学的快速发展，汽车可用的材料种类和成分越来越多，且尺度相差较大，无形中增加了汽车火灾仿真的难度。目前，汽车火灾仿真方面的材料库模块化分类不清晰，且材料物性参数数据缺乏，导致整车火灾仿真缺乏重要的输入条件。

（3）整车级火灾仿真平台技术路线不清晰

现有的火灾仿真技术主要以建筑物火灾仿真为主，相比于建筑物，汽车结构复杂、尺度更小、场景不一、环境多变，火灾仿真难度更大。特别是针对电动汽车，涉及电化学反应和高电压，且电动汽车火灾发生发展的机理尚不清晰。因此，要实现逻辑清晰的架构设计、丰富的组件配置、良好的兼容性，还需要在火灾数值模型开发、仿真计算流程设计、实体试验验证等方面开展进一步研究，才能够开发出针对汽车火灾领域的高效、准确的仿真平台。

动力电池系统热扩散防护可以解决因电池单体失控引发系统火灾的问题，是保障乘员生命财产安全的技术手段。当前，动力电池安全防护技术已经形成从材料到电芯、电池系统的热失控逐级防控体系，主要技术手段包括材料的选择和优化、电池结构和设计的改进、热管理系统的优化等。通过这些手段，可以有效地控制和管理动力电池在高温环境下的热传播，从而保证电池的安全性和性能稳定性。

2.2 动力电池安全防护技术

2.2.1 电池单体安全防护

（1）电池本征安全性

近几年来，电动汽车用动力电池的正极材料、电解液、隔离膜等关键材料性能稳步提升。其正极材料，尤其是三元材料，存在释氧、Ni离子高氧化活性等特点，使得材料与电解液、负极间存在交互的氧化还原反应。当前，业界为了提升正极材料的热稳定性，主要通过表面包覆、掺杂、钝化等方式对正极材料进行改性，在极片表面形成稳定致密的功能保护膜，降低材料和电解液的反应活性，提高电芯的热力学稳定性。通过电解液添加剂的优化，如络合添加剂、化学成膜添加剂等手段，分别对正极、负极材料表面形成保护膜，有效减少正负极与电解液之间的固液界面反应产热，提高电池耐热温度及电池的热安全性。通过采用高热稳定性、低电阻和良好的离子传导性的隔膜材料以及采用陶瓷涂层隔膜等方法，提高电池的热稳定性和耐内短路性能。

（2）电池单体结构设计

电池单体设置短路保护、过热报警以及热失控定向泄压装置。当电池内部压力升高到一定程度时，阀门自动开启，释放过热气体和压力，以避免电池爆炸或泄漏。引入短路保护装置可以有效预防动力电池因短路而过热，比如采用断电装置或熔丝来切断电路，阻止电流过大导致热量堆积。改变电芯内部结构，例如增加散热通道、提高电芯内部接触面积等，可以增加热量的传导路径，提高热扩散性能。安装温度传感器，实时监测电芯温度，并根据实际情况进行温度控制，及时采取散热措施或调整电芯工作状态，保持电芯温度在合理范围内，防止热扩散发生。

2.2.2　电池系统安全防护

（1）电池系统热安全设计

电池系统安全设计的目标是实现无热扩散发生。基于电池热失控后传热路径，可以在电池组内部设置热扩散隔离层减少热量在电池单体间的传导，延缓／阻隔相邻电池单体热失控。通过合理设计电池组的散热系统,增加散热面积,优化散热通道和散热材料,提高热量传导和散发效率。此外,选用具有良好导热性能的材料,对于电芯热失控后的快速散热也起到了重要的作用,例如导热硅胶、硅脂或石墨导热片等材料,作为电芯与散热装置之间的传热介质,能够提高热量的传导效率。

电池发生热失控时产生的"气-固"高温混合物对电池系统带来强烈的热冲击是热扩散的重要诱因之一,当前主流的防护措施是在带电等金属部件表面采用耐高温材料进行绝缘防护,防止高温颗粒和烟气损伤高压导电部件,常见的材料有隔热垫、耐温橡胶、云母等。电池管理系统(BMS)实时监测电池温度、电压、电流等参数判断电池系统状态,当发现异常时采取主动降温或切断电连接等措施防止更严重情况的发生。

(2)电池系统机械安全设计

动力电池机械防护技术是保障动力电池安全性的一项重要技术,可归纳为耐惯性力防护和挤压防护两大类。

耐惯性力防护是为了避免车辆行驶过程中的振动、冲击和碰撞惯性载荷导致电池系统内部固定模组结构失效引发短路和热失控,主要技术路线是通过设计强化电池系统结构,合理优化模组布局、分隔结构和安装结构,以提高整个电池系统对惯性力载荷的抵抗能力,如图2.2所示。

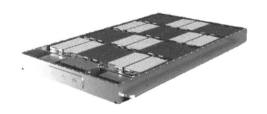

图2.2 某电池系统模组排布设计

挤压防护是为了防止当车辆面临来自各个方向的碰撞时,由于车体结构变形或异物入侵所导致的电池系统的挤压变形和破损,致使电芯内短路引发热失控。由于电池系统的安装位置通常位于车体下方，所以电池系统挤压防护主要是侧向防护和底部防护。

由于电池系统侧面距离车体表面较近，吸能空间不足，从而导致车辆在发生侧面碰撞特别是侧面柱碰撞时，电池系统侧面变形较大，所以需要针对电池系统的侧向挤压进行防护。目前，国内电池系统侧向挤压防护技术主要有两个方向，一是增加车身底部刚度和吸能性能，通过增加地板横梁、优化门槛梁结构的方式增强车身底部的抗变形能力，从而减小门槛梁对电池系统的挤压，如图 2.3 所示。二是增加电池系统箱体的侧向刚度和吸能性能，通过对电池系统内横向加强筋和侧面箱体结构的设计优化，增加电池系统整体的侧向刚度并提升电池系统侧向的吸能特性，如图 2.4 所示。

图 2.3　某车型门槛梁设计方案

图 2.4　某车型动力电池系统结构设计

由于电池系统底部通常无车身结构保护，在行驶过程中面临托底和刮底碰撞，所以需要对电池系统底部进行防护，尽量减小底部碰撞工况所带来的变形。目前，动力电池底部防护主要有电池系统防护梁、电池系统底护板、电池系统底部防护涂层，如图 2.5 所示。电池系统防护梁通常布置在电池系统前方，能够有效保护电池前部线束和控制模块集中的区域。电池系统底护板和防护涂层主要是增加电池系统底部的强度和吸能特性，从而减小电池系统在受到底部撞击时的变形量。

图 2.5　某车型底部防护

2.2.3　典型安全防护设计方案

（1）刀片电池

刀片电池由比亚迪自主研发，于 2020 年 3 月推出，在比亚迪多个车型中得到了广泛应用，并且已经开始供应给其他汽车制造商，如特斯拉。

刀片电池采用了磷酸铁锂电池，具有出色的热稳定性。为了进一步提高安全性，刀片电池还采用了气凝胶、云母材料、陶瓷化硅橡胶等隔热防火材料，如图 2.6 所示。

图 2.6　刀片电池

（2）弹匣电池

弹匣电池系统由广汽埃安自主研发，于 2021 年 3 月发布，应用于 2021 年以后投产的 AION 全系车型。

弹匣电池技术是一个基于电芯本征安全提升、整包被动安全强化及主动安全防控的系统级的电池安全技术。其实现了从电芯到模组和系统的全面安全，整包级的安全解决方案比电芯级安全更全面。该技术不仅实现了磷酸铁锂电池系统安全性的进一步提升，还实现了三元锂电池安全性的重大突破，即电池系统针刺不起火。该技术采用类似弹匣安全舱的设计，采用超高耐热稳定的电芯、超强隔热的电池安全舱、极速降温的速冷系统、全时管控的第五代电池管理系统"四大核心技术"，有效阻隔热失控蔓延，当侦测到电芯电压或温度等参数出现异常时，会自动启动电池速冷降温系统为电池降温。

超高耐热稳定的电芯：通过正极材料的纳米级包覆及掺杂技术的应用，提升热稳定性；通过电解液新型添加剂的应用，实现了固体电解质界面膜（SEI 膜）的自修复；通过全极耳叠片方式，降低内阻并加快散热。三大关键技术使得电芯的耐热温度提升 30%，内阻降低 10%。

超强隔热的电池安全舱：通过航天级纳米防火材料、耐高温的上壳体，构筑了超强隔热安全舱，最终实现热失控不蔓延，安全舱上壳体耐温 1400℃以上，有效解决了三元锂电池的安全难题。

极速降温的速冷系统：通过全贴合液冷系统、高速散热通道、高精准导热路径的设计，实现了散热面积提升 40%，散热效率提升 30%。

全时管控的第五代电池管理系统：通过采用最新一代车规级电池监测芯片，可实现 10 次 /s 全天候数据采集，24h 全覆盖的全时巡逻模式。当发现异常时，立即启动异常自救，启动电池速冷系统为电池降温。全时巡逻和异常自救的应用，树立了电池主动安全的新标杆。

弹匣电池具备三维速冷系统，实现整车与电池包协同降温、快速冷却的效果。一旦发现系统过热，整车收到 BMS 的信号后，将会全速开启水循环，同时配合电池包内部的全贴合液冷集成系统、高效散热通道设计以及精准导热路径，可以短时间内带走热失控热量，将电芯温度迅速稳定在安全温度以内，如图 2.7 所示。

图 2.7　弹匣电池

（3）大禹电池

大禹电池由长城汽车自主研发，于 2021 年 6 月推出，首次搭载车型为沙龙机甲龙，2022 年起全面应用于长城旗下相关车型。

大禹电池以"大禹治水，堵不如疏"为理念，通过热源隔断、双向换流、热流分配、定向排爆、高温绝缘、自动灭火、正压阻氧、智能冷却"八大全新设计理念"，实现"控＋导＝通"热失控安全矩阵，如图 2.8 所示。

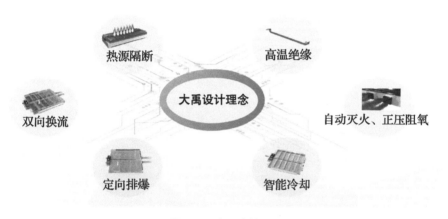

图 2.8　大禹电池

（4）琥珀电池

琥珀电池技术由东风岚图汽车自主研发，于 2021 年 9 月发布，应用于岚图全系车型。

琥珀电池系统搭载岚图特有的三维隔热墙技术、PDD 毫秒级断电系统以及云 BMS 监控系统等主被动安全解决方案，如图 2.9 所示。

1）三维隔热墙技术：采用"上隔下散"的设计理念，每一颗电芯都用形似"琥珀"层包裹隔离，电芯顶部及四周布置耐高温的隔热阻燃绝缘防火层，电芯底部与高效液冷系统无缝贴合，耐高温隔热阻燃绝缘防火层在紧急情况保护车内人员安全，液冷系统为极端情况下过热电芯"降火"，实现全方位的三维立体防护。试验证明，即使两颗单体电池同时发生失效，也不会波及周边，可防"火烧连营"，实现整包"不漏液""不起火""不爆炸""不热扩散"。

图2.9　琥珀电池

2）PDD 毫秒级断电系统：在整车发生紧急情况时，可在 1~2ms 内主动切断高压回路（切断速度是人类一次眨眼时间的百分之一），避免了因碰撞、短路等造成的电安全事件，有效保障车上乘客的安全。

3）云 BMS 监控系统：24h 不间断对 3000 余个信号进行毫秒级监控，15 种精准监测模型，可预先诊断发现异常自放电、多因子微短路、一致性异常等异常，最快提前 30 天预警，防患于未然。

（5）魔方电池

魔方电池由上汽和宁德时代共同研发，于 2022 年 6 月发布，应用于

MG MULAN 车型中。

　　魔方电池最大的创新之处在于采用了独特的 LBS 躺式电芯设计，防爆阀放置于侧面，从而减少了用于缓解电池膨胀的补偿片和绝缘绝热的气凝胶的数量和用量。这一创新不仅降低了生产成本，还进一步提高了电池的安全性和稳定性，如图 2.10 所示。

图 2.10　魔方电池

（6）蜂窝电池

　　蜂窝电池由江淮汽车自主研发，于 2022 年 8 月推出，应用于江淮钇为 3 车型。

　　蜂窝电池充分借鉴了蜂巢结构的仿生设计，以外延包覆的 UE 技术进行单元化封装，锂电池包内所有电芯 360° 包覆轻量化自流平导热胶，让每一颗电芯各自处于安全舒适的状态。蜂窝电池的电芯按照六边形排列，电芯与电芯之间是导热胶，可以实现电芯散热速度的优化。电芯的电化学反应会带来热量散发，蜂窝电池内部的导热胶能够快速把热量传递出来。正是因为电芯之间注满导热胶，蜂窝电池做到了锂电池单体之间的电隔离和热隔离。假如有一颗电芯失效，它不会波及周边，因此不会引起连锁反应，如图 2.11 所示。

图 2.11　蜂窝电池

（7）神盾电池安全系统

神盾电池安全系统由吉利自主研发，于 2023 年 5 月发布，应用于吉利银河系列车型。

神盾电池安全系统构建起一整套融合架构、整车、智控、云端的"无盲区"安全防护系统，如图 2.12 所示。

架构层——潜艇式整车安全防护。潜艇式整车架构，最大限度地分解碰撞能量，减少电池被挤压的侵入量，并且减重 40%。

电池包层——"坦克级"电池结构保护。通过"田字格框架"专利技术，配合吸能型腔，电芯与箱体预留超大空间，双重溃缩空间保证电池整体强度。在底部防护采用行业领先的"底部盔甲"：1.2mm 的 1180DP

高强钢板 +1mm 的 PVC 涂层，抗拉强度是普通钢板的 2 倍以上。

电芯层——"不起火、不爆炸"电芯。采用双杆防爆阀技术，配合电芯耐热涂层材质、厚度优化等多项融合技术，实现无论是单电芯还是整包针刺，都不会发生热蔓延，更不会有起火、爆炸发生，且电芯针刺全程最高温度不超过 40 ℃。

BMS 智能管理层——"BMS 3.0 电池医生"。"BMS 3.0 电池医生"对电池安全进行 7×24h 的全天候监测，主动采用隔离及温控措施实现零失火；全场景的智能电池温控技术，确保电池工作在最佳的温度区间，提高寿命及安全性。

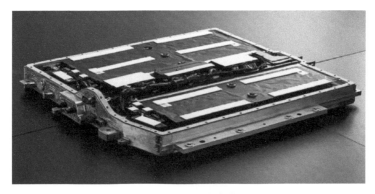

图 2.12 神盾电池安全系统

（8）天工电池

天工电池由哪吒汽车自主研发，于 2022 年 5 月发布，应用于哪吒 S 车型。

天工电池系统是一款高集成、高安全、高智能、长寿命的动力电池产品。在结构设计上，电池包采用网格式箱体，搭配车身一体化协同设计，确保整车碰撞时电池包主体结构不发生塑性变形；电池包底护板采用高强度钢板、高回弹缓冲介质、电池底板，多重防护有效避免电池包因整车底部托底、磕碰而造成的安全风险。通过优化密封设计，电池包防护等级达到 IP68（48h 沉水）。

在热安全设计上，电芯之间选用航天级耐高温材料，阻断电芯之间的热传导。在系统热防护设计上，经过热失控流场和热场仿真，设计泄压路径，匹配高精度泄压阀及时泄压，并在热害流场区域采用了耐高温云母材料防护。上壳体采用高耐温（耐温 1000℃以上）复合材料，多重热防护组合，实现热失控测试中电池包无热扩散。

在主动安全方面，天工电池搭载合众自研的智能域控系统，具有"哨兵模式"功能，可提供全天候 24h 不间断采集电池关键参数，并实时传达到天枢云平台，实现全天候、全寿命周期闭环管理，如图 2.13 所示。

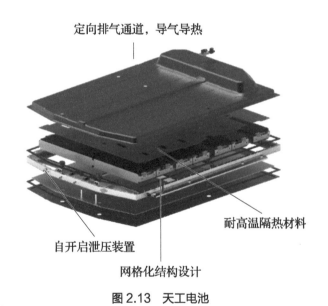

图 2.13　天工电池

（9）麒麟电池

麒麟电池由宁德时代研制，于 2023 年 6 月发布，主要应用于 AITO 问界系列、2023 款极氪 001/极氪 009 系列、理想汽车 MEGA、哪吒 S 纯电"千里版"、小米 SU7 Max 版等车型。

麒麟电池采用耐温阴极、安全涂层及高安全电解液提高电池本征安全；采用气 - 电解耦、主动隔离的自稳定电池系统，配上定向热导流设计、高压绝缘防护设计，同时通过基于大数据建立的风险预警模型实现电池系统快速"诊疗"，极端情况下主动唤醒整车控制器并启动冷却策略，防止热扩散发生，如图 2.14 所示。

图 2.14　麒麟电池

（10）金钟罩电池

金钟罩电池由长安汽车自主研发，于 2023 年 11 月发布，应用于长安启源、深蓝汽车的多款车型。

在电池安全上，长安部署的云端系统已经实现实时监控，在停车后断开高压电的情况下，仍然可以监测电池安全状态。电池隔热方面，长安采用军工标准的新型隔热材料，隔热性能较行业平均水平提升30%，充分实现热抑制，其隔热能力较常规材料提升200℃。即便采用无模组结构，也能充分抑制热失控，这样就在充分保障安全的前提下，实现能量密度的提升，如图2.15所示。

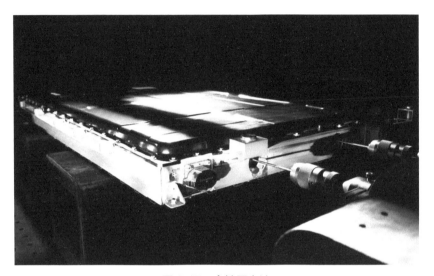

图2.15　金钟罩电池

（11）金砖电池

金砖电池由极氪自主研发，于2023年12月发布，在极氪007上首发搭载。

金砖电池采用磷酸铁锂材料，具有出色的热稳定性。金砖电池在极芯电池包的6大安全措施基础上升级为8项，实时防控、自动预警、云端监控、毫秒断电、多层隔热、主动冷却、无障碍排热、高效吸热，如图2.16所示。

防：电芯金色高压绝缘膜，可承受4000V直流电压，防止高压拉弧事故发生。

警：利用电池包特征传感器触发预警，通过氛围灯、手机提醒灯多种方式提醒用户可能存在的车辆故障，做到防护于未然。

云：云端监控，实现电池全生命周期的精确管理，在夏天和冬天采用不同的充电策略，提升电池的寿命。

断：毫秒级紧急切断，当车辆发生碰撞事故时，通过急速切断电池包供电回路，避免触发电池包短路。

隔：钣金集成复合材料电池包上盖，可承受1000℃高温30min以上，隔绝外界高温，防止电芯热失控。

冷：一体式绝缘冷板在检测到热失控后会自动开启水循环，增强电池冷却功率。

排：专用排气通道，当电芯发生热失控，高温气体可以快速排出电池包，降低热失控概率。

吸：电芯之间隔热层采用HPCM相变吸热材料，降低电芯温度，属于行业首次应用。

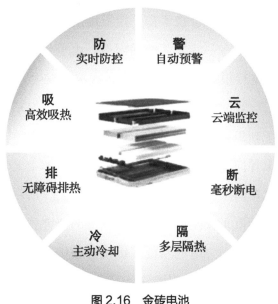

图2.16　金砖电池

电动汽车火灾风险评估及预警技术

随着电动汽车的快速发展，电动汽车火灾风险评估及预警技术已成为保障交通安全的重要议题。电动汽车的火灾风险主要源于其高压系统，在极端情况下，会因为一些罕见的原因而发生故障，导致过热或短路，从而增加了火灾的风险。这些情况可能包括电池制造缺陷、外部撞击、过度充电或过度放电等极端条件。一旦发生故障，可能导致严重的火灾事故。因此，对电动汽车火灾风险进行全面评估成为保证电动汽车安全运行的关键。

在技术发展的早期，通过实时监测与传感器技术可以实现电动汽车火灾的早期预警。通过安装温度、电压、电流传感器，能够实时监测电池的参数变化，及早发现电池系统的参数异常。这种实时的数据采集使得系统能够在第一时间识别潜在风险。此外，为了进一步提高预警的精度，通过加装气体传感器、压力传感器等监测电池系统内气体的变化。这些传感器的引入使得系统能够多角度、全方位地评估潜在的火灾风险。尽管短时间尺度的报警技术在一定程度上能够提供对电动汽车火灾的快速响应，但也存在一些显著的局限性，由于其本质是在已经出现明显异常的情况下进行报警，无法完全避免火灾的发生。

大数据、云计算、车联网等技术的发展为电动汽车火灾风险评估及预警技术提供了新思路。经过多年发展，上汽、北汽、吉利等整车企业在工信部的政策导向下建立了大数据平台，北京理工大学王震坡等主持建立了新能源汽车国家监测与管理平台，如图 2.17 所示，基于车辆实际运行数据进行电动汽车安全风险评估和预警的研究。目前基于新能源汽车大数据平台制定了动力电池系统三级预报警机制并设定了相应的触发阈值，现已成功应用于全国电动汽车运行监控系统。

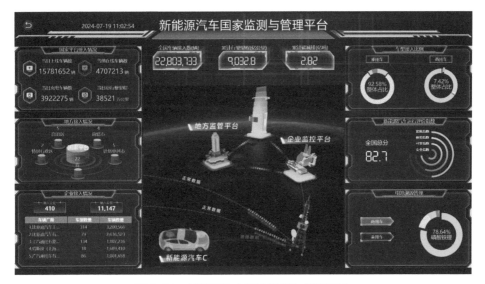

图 2.17　新能源汽车国家监测与管理平台

三级预报警技术的核心在于充分利用大数据技术，通过获取实车数据，以及车（BMS）云（云端大数据平台）融合的方式，对电池系统的安全状态进行实时评估。首先，电动车辆的实时数据可以上传到云端进行集中管理。同时，BMS 上部署了计算量较小的预警模型，通过短期数据传输实现了对安全风险的短期评估。更为关键的是云端的大数据分析，通过在云端部署更为精准的风险评估模型，基于平台上的大数据进行运算，更全面地评估电池系统的状态。这样的架构避免了 BMS 计算量过大的问题，同时能够应对更为复杂的数据分析需求，为车辆提供更深入、更精准的安全风险评估，为驾驶员和制造商提供更全面的安全保障。更进一步，云端还可以向车端 BMS 发送更新数据，实现 BMS 阈值的动态更新，这一特性使得预警系统能够随着车辆的使用和性能变化而不断优化，保持对潜在风险的高效监测。车云融合的安全风险预警框架如图 2.18 所示。

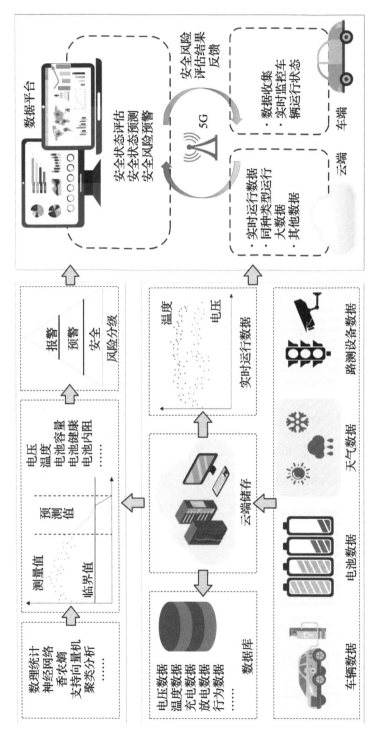

图 2.18　车云融合的安全风险预警框架

北京理工大学通过从正常和热失控电动汽车的生命周期数据中选取与电压和温度相关的关键参数，并根据参数分布的差异提取了安全特征；然后融合模糊逻辑和贝叶斯网络建立了动态安全风险评估框架，并基于受试者工作特征曲线和动态评估结果，提出安全预警策略，及时预警和维护，可以有效降低电动汽车热失控事故风险，如图 2.19 所示。

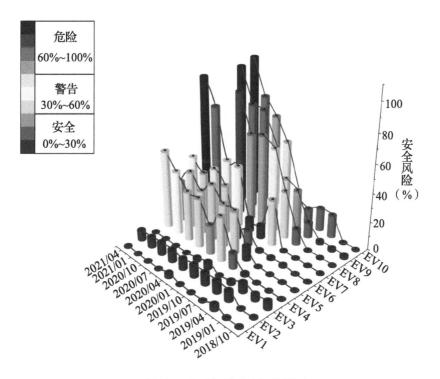

图 2.19　安全风险动态评估结果

因此，通过长时间尺度的预警技术，基于大数据和车联网技术的深度融合，电动汽车的安全性能得到了显著提升。这一技术创新不仅能够提前发现潜在风险，还实现了对安全阈值的动态管理，为电动汽车行业的持续发展提供了强有力的支持。

综合短时间尺度的报警技术和长时间尺度的预警技术，电动汽车火灾安全领域正迎来重大技术创新。通过实时监测、传感器技术、大数据分析以及车联网的深度融合，不仅在火灾风险的早期识别和即时响应方面取得了显著进展，而且能够在长时间尺度内对电池系统进行全面、精准的评估，提高了整车的安全性能。

2.4 电动汽车火灾消防救援技术

目前，由于动力电池能量大，起火后火势发展迅猛，并且动力电池密封性好，因此电动汽车火灾快速消防救援技术属于全球性的技术难题，在电动汽车动力电池化学体系和结构改变前很难做到"有效消防、快速救援"。电动汽车火灾及其消防救援技术存在以下特点：

（1）起火诱因多、火势发展快、事故危险大

历史火灾事故数据统计分析表明，电动汽车在各种场景和车辆状态下都有起火的可能性。电动汽车火灾诱因分为碰撞、外部因素及车辆自身因素，其中，车辆自身因素是电动汽车起火的主要原因，车辆自身因素又可分为电池故障、高电压系统故障、低电压系统故障、充电系统故障等。

锂离子电池是电动汽车使用的主要能量存储体，且电池系统是一个密闭的腔体，电池在电池系统的密闭环境中持续发生化学反应导致大量易燃、易爆气体的积聚。一般电池系统起火的瞬间会有爆燃甚至爆炸发生，随后火焰和烟雾随机从电池系统上下盖接触面的薄弱处喷出，火焰会迅速引燃车身可燃覆盖件和轮胎，并快速蔓延至全车。锂离子电池起

火后会产生甲烷、一氧化碳、乙烯、硫化氢、氟化氢等更多的易燃、易爆且有毒气体，易给被困人员和救援人员造成电伤、烧伤、中毒等多种伤害。

（2）施救规范缺失、消防手段单一、灭火效果不佳

按照电动汽车火灾特征及起火位置划分，电动汽车火灾事故可分为电池系统起火和非电池系统起火两大类。其中对于不涉及电池系统的非电池系统起火事件，如车辆内饰起火、车身覆盖件起火、线束起火等，可采用干粉灭火器、二氧化碳灭火器和消防水等常规消防手段进行快速灭火。

对于电池系统起火事件，目前并无有效的消防救援手段，且传统消防救援指导规范无法有效应用。电池系统发生起火时，受制于电池系统的结构特征和布置位置，消防救援人员到达现场后无法判定最终起火点，且消防水等灭火药剂无法直接作用于电池系统内部起火的电池，无法对起火点进行直接灭火，只能通过对车辆持续喷水的方式进行外部降温，防止火焰大范围蔓延造成更大的生命财产损失，灭火时间长且灭火效果不佳。在电池系统内部能量释放完之前，即使灭掉外部火焰，电池能量还在缓慢释放，易燃易爆气体还在持续积聚，复燃和爆炸的风险较大。

2.5 充电站火灾监管及消防救援技术

（1）标准体系不健全

目前，GB 50966—2014《电动汽车充电站设计规范》、GB/T 51313—

2018《电动汽车分散充电设施工程技术标准》等标准对充电站设计和管理有明确的要求，但是无充电设施消防监管相关的行业和国家标准。

行业内关于充电站的消防管理类规范仅有天津市地方标准《电动汽车充电设施消防安全管理规范》，该标准由天津市消防救援总队和特来电在2022年11月编制发布，明确了充电站管理过程中的消防责任、设备设施管理、消防培训和检查、充电站系统监控、事故应急处置要求，提出了充电系统应具备对动力电池充电过程故障监控和预警的能力，也首次提出了充电站视频监控系统应具备火灾识别报警功能。

（2）消防救援技术有待提升

目前，规范化的充电站都配备了火灾监控和预警系统，可以实时监控充电站的各项安全指标，但是缺少适用于充电站的成熟的、高效自动消防系统。位于地下停车场等室内场所的充电站，可充分利用室内原有的火灾报警系统和喷淋系统等消防设施，可以在发生火灾后第一时间发出报警并自动喷淋灭火。但室外充电站由于所处的环境条件复杂多变，且常用的烟雾报警器和自动消防系统无法发挥其性能，一旦发生火灾事故，只能等应急处置人员或消防救援人员到达现场进行扑救，如图2.20所示。

图2.20　充电站灭火

（3）充电站火灾自动监控预警技术

充电站内一旦发生火灾事故会对充电站运营造成很大影响，各主流充电站运营商也在积极主动探索充电站消防救援新技术。特来电在 2019 年发布了行业内首创的两层防护技术（充电设备＋充电平台），通过充电过程电池实时状态数据对电池进行安全预警和保护。这是基于充电过程数据对电池进行安全监控和评估的技术路线首次进入行业视野。由中国汽车工程学会组织，特来电主编的 T/CSAE 254—2022《电动汽车充电过程电池系统安全风险监测及故障预警规范》于 2022 年 4 月发布，预示着电池系统充电安全监控技术成为了电动汽车安全监控必不可少的市场应用。

随后特来电在 2023 年发布了"特慧看"AIBOX 产品，为充电站普通的视频监控系统增加了火灾识别联动等充电站安全管理功能，能够联动充电系统自动断电、风险告警通知，也能够与场站其他安全监控技术相互验证，提高预警告警的准确度，如图 2.21 所示。

图 2.21　"特慧看"AIBOX 监控功能

自此，充电站火灾安全监控预警技术已经包含：烟雾报警器等传统消防报警设备、基于充电数据的电池监控预警平台、基于图像识别的火灾报警设备，多种监控预警手段相互组合联动、多管齐下，能够在火灾发生第一时间及时做出警示，对充电站火灾快速处置。

2.6 公路隧道火灾监管及消防救援技术

公路隧道是重要的交通设施，也是火灾事故的高风险场所。随着电动汽车的普及，隧道内的电动汽车火灾风险也日益增加。电动汽车在隧道内发生火灾时，会产生高温、高毒性的烟气和火焰，对隧道结构、设备、人员和环境造成严重的危害。小型电动汽车火灾规模峰值可达8MW，比传统小型燃油车燃烧温度高，易复燃、易发生二次事故、易释放大量有毒气体，这给公路隧道火灾防控和消防救援带来了新的挑战。

目前，国内公路隧道消防系统的设计和运营管理，主要遵照《公路隧道设计规范 第二册 交通工程与附属设施》（JTG D70/2—2014）、《公路隧道通风设计细则》（JTG/T D70/2-02—2014）、《消防给水及消火栓系统技术规范》（GB 50974—2014）、《建筑设计防火规范（2018 年版）》（GB 50016—2014）、《火灾自动报警系统设计规范》（GB 50116—2013）等标准。常规隧道消防系统主要包括：防排烟系统、消防给水和灭火设施、消防电气系统、火灾自动报警系统、结构防火保护设施、逃生通道及防火门。这些系统是基于传统燃油汽车火灾特点进行设计、实施的，尚未考虑电动汽车火灾。比如，电动汽车火灾燃烧产物中含有较高浓度的HF，现有排烟系统排烟量能否满足排烟要求；电动汽车火灾发展迅速，火焰更高，且更易发生爆炸和飞溅，这将更易导致火灾蔓延，对隧道内人员、设施和结构造成损坏；电动汽车火灾难以扑灭，更易复燃，现有消防给水和灭火设施能否满足控火灭火要求，消防储水量是否足够。这些问题尚需进一步研究，现有隧道消防系统需进一步提升和优化。

尽管现有隧道消防系统尚未针对电动汽车火灾进行提升和优化，但国内外研究学者和机构已关注到公路隧道电动汽车火灾的危害，并开展了大量研究。

在火灾风险评估方面，瑞典 SP 技术研究所[3]对使用包括电池在内的可再生能源的汽车在隧道和地下车库的风险进行了调研分析，并提出了降低风险措施、救援指导，以及标准规范修订建议。美国桑迪亚国家实验室[4]研究了隧道电动汽车火灾的风险，认为纯电动汽车火灾热释放速率与内燃机汽车相当，但燃烧产物中 HF 含量更高。瑞典研究机构 RISE[5]对封闭空间电动汽车火灾研究现状进行总结，采用系统危险辨识方法对电动汽车火灾进行了全面的风险评估，喷淋系统、火灾探测系统和增加停放车辆之间的距离能够有效降低电动汽车火灾蔓延风险。罗兹理工大学[6]利用性能化评估方法，分析了停车场电动汽车起火时烟雾扩散、温度分布规律和人员疏散安全，讨论了降低电动汽车火灾损失的技术措施。火灾风险评估通常包括火灾发生概率和火灾发生后果评估两部分，现有研究主要针对电动汽车火灾发生后果进行评估，对火灾发生概率暂无相关研究报道。

在火灾特性方面，Li[7]对隧道内电动汽车的火灾和爆炸事故危害进行了分析，并对爆炸的超压峰值进行了分析，为隧道防火设计提供了详细的数据参考。Truchot[8]等基于全尺寸火灾试验数据，提出考虑火灾增长和有毒气体释放两个方面的电动汽车火灾增长曲线，并基于该曲线进行计算流体动力学（CFD）数值模拟，分析了电动汽车火灾对隧道安全的影响。张良[9]等基于电动汽车整车燃烧试验平台进行整车燃烧试验，探讨电动汽车动力电池热失控引发火灾的燃烧蔓延、烟气蔓延和典型痕迹等特征。王杰[10]等对地下车库场景下的电动汽车热失控火灾特性及水喷淋抑制效果进行了研究。陈钦佩等开展了全尺寸电动汽车锂离子电池系统热失控火灾气体成分及燃爆特性研究。火灾特性是公路隧道开展消防系统设计、应急救援策略制订的基础。但目前关于公路隧道电动汽车火灾特性的全尺寸实体隧道试验数据仍然较少，通风环境、隧道结构参数（纵坡、断面尺寸）、交通状态等因素对火灾特性的影响尚未明确。

在火灾排烟方面，中国矿业大学（北京）Gao[11]等采用火灾动力学模拟器（FDS）进行数值模拟，研究了纵向通风条件下矩形隧道内不同阻塞比和水喷雾喷射角度对近火源区烟气温度和流态的影响，提出了基于阻塞比系统的临界风速修正模型，为公路隧道考虑电动汽车火灾的通风排烟系统设计提供参考。根据现有的研究报道，电动汽车火灾产生的 HF 等有毒气体远超传统燃油汽车火灾，其对通风排烟系统设计标准及其控制策略的影响尚未可知；此外，电动汽车火灾易复燃的特点对排烟策略的影响也需进一步开展研究。

在控火灭火方面，上海海事大学 Cui[12]提出了一种电动汽车防火围挡的方法，并通过全尺寸试验对灭火效果进行了评价。中国科学技术大学 Zhao[13]等通过全尺寸试验研究了防火毯、水喷雾和压缩空气泡沫三种方式对电动汽车火灾的抑制效果。奥地利格拉茨理工大学 Peter Sturm[14]等在隧道中开展多次电池系统火灾试验和 5 次电动汽车火灾试验，研究火灾热释放速率、燃烧产物以及灭火方法。现有研究论文测试的控火灭火方法，事实上公路隧道中少有装备，只有由消防救援人员进行现场操作，而公路隧道常备的消火栓系统如何在电动汽车火灾中发挥作用是公路隧道运营管理单位较为关注的问题。

总体来说，目前关于电动汽车火灾特性已取得了一定成果。但对公路隧道，电动汽车火灾带来的影响尚不够明确，如现有火灾设防规模是否满足需求，排烟系统及排烟策略是否合适，现有消火栓系统对于电动汽车火灾是否有效等。因此需要加强对新能源汽车火灾应对技术和设备的研发和应用，提高隧道消防安全的能力。

2.7　电动汽车火灾事故调查技术

电动汽车火灾诱因具有潜伏性、综合性、复杂性、多样性、随机性等特点，各种不同类型的诱因相互交叉干扰，对调查人员的专业知识、工作经验要求较高，且电动汽车火灾事故原因调查技术尚不完善，快速、精准识别火灾事故诱因是一个具有挑战性的工作。充分挖掘新能源汽车实车数据和现场痕迹，开展新能源汽车运行异常数据痕迹与事故致因的映射原理分析，是在役新能源汽车事故研究的发展方向。开展新能源汽车整车火灾试验，模拟已知故障的整车火灾，开展残骸分析和火灾传播规律分析，总结现场残骸与火灾致因的映射关系，提炼典型火灾事故案例数据表征，建立新能源汽车火灾事故数据库。借助于新能源汽车事故数据库开展事故逆向解析研究，更深刻地认识和理解事故模式，同时将电池系统失效机理与数据分析手段有机结合，从中归纳和总结出各类事故模式的早期数据特征，完成新能源汽车事故逆向解析技术开发与应用，支撑各个企业火灾事故调查。

制定电动汽车火灾事故现场调查的指导规范，对事故电动汽车数据进行深度挖掘，同时以试验复现电动汽车火灾事故，形成一套电动汽车火灾事故的深度调查方法，用以指导实际的电动汽车火灾事故调查，并建立高针对性、高准确性、高实时性、基于大量成批次的精细事故数据的电动汽车火灾风险辨识体系，提高事故调查效率，降低事故调查周期与工作量，对电动汽车产业持续健康发展有着极为重要的意义。

目前，行业内缺乏针对电动汽车火灾事故调查的可操作性强的指导文件。T/CECS 754—2020《机动车火灾原因鉴定技术规程》和 SF/T 0100—2021《车辆火灾痕迹物证鉴定技术规范》等标准规范仅描述了车辆火灾调查的通用程序和方法，刘义祥主编的《火灾调查》、胡建国主编的《火灾事故调查工作实务指南》等书籍描述了各类火灾事故原因调查的通用技术方法。

现场勘验和数据分析相结合是最常用的电动汽车火灾事故诱因调查分析方法。现场勘验的主要目的是收集并分析现场信息、了解事故过程，现场信息包括车辆信息、环境信息、车辆痕迹、目击者线索等跟火灾发生发展相关的所有图像、文字、声音等信息。通过对现场信息的初步分析判定可能的起火部位，进而对可能起火部位的痕迹进行深入分析，并收集必要的残骸进行实验室分析。数据分析的对象是车辆监管平台数据、维保数据和车辆历史使用数据，这些数据详细记录了车辆整个生命周期内的运行情况，通过数据分析可以清晰地了解车辆的历史健康状态。借助于风险评估理论，列出可以排除的起火原因和不能排除的起火原因，对各类原因进行风险评价及其内在因素量化表示，与现场调查情况相结合，使用先排除后认定的方法综合分析认定车辆的起火原因。

根据初步的现场勘验和数据分析可以判定可能的起火原因，在车辆焚烧不严重的情况下，针对不同的原因，从不同的角度进行深入分析。

（1）机械变形

机械变形的原因有很多，通常是由车辆与其他物体碰撞造成的。机械变形可能引起线路或电池包故障而引发起火，严重机械变形时可能会立即起火，轻微机械变形时可能会经过较长时间后起火。电池包存在机械变形或电池包底部存在明显的凹陷时，若现场信息显示车辆瞬间起火或持续产生大量白色烟雾后起火，且车辆监管数据显示起火前电池单体出现电压异常、温度异常，可初步判定为机械变形造成电池单体发生热失控而引起车辆起火。

（2）异物侵入

异物侵入通常是由于车辆与其他物体碰撞或接触造成的。电池异物侵入与机械变形引起的车辆起火特征类似，不同的是电池包壳体及电池单体存在外力造成的孔洞，或电池包内部滞留有不属于电池包的物体。

（3）电池包进水

电池包进水会造成电池包内部线路绝缘故障，如高压短路、拉弧、电气击穿等，危害电池管理系统。当车辆处于涉水情形时，着重观察电池包内是否有水渍遗留，如果发现电池包内部明显存在水渍，可初步判定为电池进水导致电池包故障引起车辆起火。

（4）过充电

过充电引发的车辆起火通常发生在充电过程中或充电后不久，主要原因有：电池管理系统电压采集误差较大，电池管理系统不能及时切断充电回路，继电器故障等。首先调取车辆监管平台数据及充电桩数据，着重查看动力电池电压数据，若存在发生热失控的电池单体电压超过充电截止电压的情况，可初步判定为过充电导致电池单体发生热失控而引起车辆起火。

（5）电池缺陷

电池缺陷引发电池热失控而引起车辆起火的事故调查难度较大，其典型特征是事发前没任何征兆，车辆运行和监管数据正常。该类起火事故可发生在车辆运行的任何阶段，一般起火前会有大量白色烟雾从电池包喷出，然后电池包轰燃起火。若电池包未完全烧损，可通过电池包内电池单体的烧损程度判定最先热失控的电池单体，如图2.22所示，图中右下角电池单体最先发生热失控。

图2.22　热扩散试验后的电池包

若电池包严重烧损，可通过电池残骸和过火痕迹大致判定最先发生热失控的电池单体，一般受到挤压的、体积较小的电池最先发生热失控，如图2.23所示。根据箱体内部电池模组残骸的形态，1号和5号模组形态基本保持原状，其余模组呈现弧状变形。可判断为1号模组首先起火，热失控蔓延规律为从1号至5号依次蔓延，判定依据如下：1号模组首先发生起火燃烧，此时箱体内部空间有限，没有变形空间，因此形态保持原状。然后2号模组开始燃烧，2号模组受热膨胀，此时1号模组已经发生了质量和体积损失，因此2号模组有足够的变形空间，挤压1号模组而呈现弧形。然后3号模组开始燃烧，由于3号模组与中间横梁之间有一定的空隙，有一定的变形空间，因此3号模组受热膨胀后呈现轻微弧形。4号和5号模组几乎同时燃烧，此时4号模组左侧有一定的变形空间，但是 5 号模组左侧没有变形空间，因此 4 号呈现弧形，5 号基本保持原状。

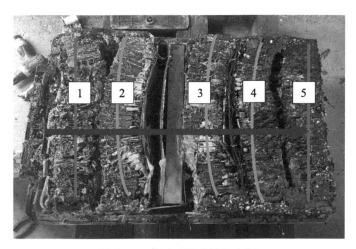

图 2.23　起火后的电池包内部

（6）线路故障

电动汽车拥有大量的高压和低压电线束，线路短路、配电箱故障、充电系统故障等都有可能引发车辆起火，一般线路故障伴随有明显的电热熔痕，如图 2.24 所示。在事故现场发现电热熔痕时需要对熔痕进行深入分析，判定熔痕为一次短路熔痕还是二次短路熔痕。

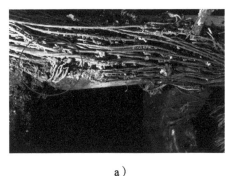

a）　　　　　　　　　　　　　　b）

图 2.24　电热熔痕

一次短路熔痕是线束在火灾发生之前，由于自身或者机械外力损伤引发短路而形成的熔化痕迹，一般是起火事故的原因。对于电动汽车常用的铜材而言，一次短路熔痕的典型特征为：导线熔珠直径通常是线径的 1~2 倍，位于导线的端部或歪向一侧，表面有光泽，内部孔洞数量少且位于中部，金相组织呈细小的胞状晶或柱状晶；在两根导线相对应的位置出现凹坑，坑内有光泽但不平；熔珠与导线其他部分有明显的熔化与非熔化的分界线；熔珠位于多股导线端部时，与导线连接处无熔化黏结痕迹，多股导线仍能逐根分散。

二次短路熔痕是在起火之后，火焰或者高温作用使线束绝缘层失效引发短路而形成的熔化痕迹。二次短路熔痕的典型特征为：熔珠的直径大于一次短路熔珠，表面有凹坑，有较多碳迹，光泽度差，内部孔洞数量多，金相组织被很多气孔分割，呈现较多粗大柱状晶或者较大晶界；对于多股铜导线，熔珠与导线黏结在一处且多股导线不能逐根分离。

参考文献

［1］ WEISENPACHER P，GLASA J，HALADA L .Automobile interior fire and its spread to an adjacent vehicle［J］. Journal of Fire Sciences，2016，34（4）：169-175.

［2］ 李娜 . 基于 PyroSim 的汽车火灾预警仿真［D］. 长春：吉林大学，2019.

［3］ GEHANDLER J，KARLSSON P，VYLUND L. Risks associated with alternative fuels in road tunnels and underground garages［M］.［S.l.：s.n.］2017.

［4］ LAFLEUR C B，GLOVER A M，BAIRD A R，et al. Alternate Fuel Vehicles in Tunnels：SAND-2020-5466［R］. Albuquerque：Sandia National Lab，2020.

［5］ HYNYNEN J, QUANT M, PRAMANIK R, et al. Electric Vehicle Fire Safety in Enclosed Spaces ［M］.［S.l.: s.n.］2023.

［6］ BRZEZINSKA D, BRYANT P. Performance-Based Analysis in Evaluation of Safety in Car Parks under Electric Vehicle Fire Conditions ［J］. Energies, 2022, 15（2）: 649.

［7］ LI Y Z. Study of fire and explosion hazards of alternative fuel vehicles in tunnels ［J］. Fire Safety Journal, 2019, 110: 102871.

［8］ TRUCHOT B, FOUILLEN F, COLLET S. An experimental evaluation of toxic gas emissions from vehicle fires ［J］. Fire Safety Journal, 2018, 97: 111-118.

［9］ 张良, 张得胜, 陈克, 等. 动力电池热失控引发电动汽车火灾的典型特征研究 ［J］. 中国安全生产科学技术, 2020, 16（7）: 94-99.

［10］王杰, 赵晨曦, 李长征, 等. 地下车库场景下的全尺寸电动汽车火灾特征及抑制性能试验研究 ［J］. 储能科学与技术, 2023, 12（11）: 3379-3386.

［11］GAO Y, JIANG C, CUI K, et al. Numerical study on the effects of blocking ratio and spraying angle on the smoke flow characteristics of new energy vehicle fires in tunnels ［J］. Thermal Science and Engineering Progress, 2023, 42: 101927.

［12］CUI Y, LIU J, HAN X, et al. Full-scale experimental study on suppressing lithium-ion battery pack fires from electric vehicles ［J］. Fire Safety Journal, 2022, 129: 103562.

［13］ZHAO C, HU W, MENG D, et al. Full-scale experimental study of the characteristics of electric vehicle fires process and response measures ［J］. Case Studies in Thermal Engineering, 2024, 53: 103889.

［14］STURM P, FÖBLEITNER P, FRUHWIRT D, et al. Fire tests with lithiumion battery electric vehicles in road tunnels ［J］. Fire Safety Journal, 2022, 134: 103695.

第 3 章

历年电动汽车火灾
事故统计分析

3.1 历年电动汽车火灾事故概况

2019—2023 年，我国舆情关注度较高的电动汽车火灾事故共有 529 起，各年发生事故数量分别为 60 起、66 起、62 起、75 起及 266 起。事故的详细分类及分析如图 3.1 所示。

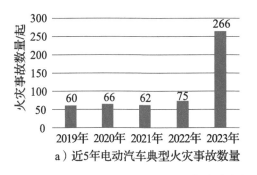
a）近5年电动汽车典型火灾事故数量

b）近5年电动汽车典型火灾事故分类（起）

图 3.1　近 5 年电动汽车火灾事故数量及事故分类

（1）时间因素

从时间上看，电动汽车火灾事故主要集中于 6 月、7 月与 8 月，如图 3.2 所示。其中，8 月火灾事故发生最为频繁，12 月事故发生最少。这主要是由于 6—8 月是夏季时节，外部温度普遍较高，高温下电池内部充放电过程加剧，更易发生热分解，因此电动汽车起火概率有较大幅度增加。

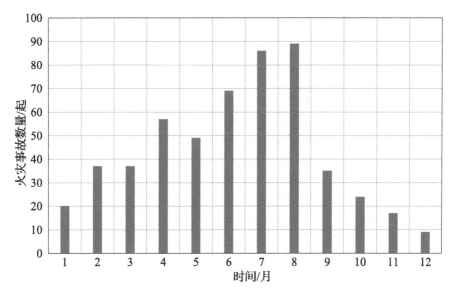

图 3.2　近 5 年电动汽车火灾事故在各月发生数量

（2）地理位置因素

近 5 年明确地理位置的电动汽车火灾事故中，发生于南部（以秦岭淮河为南北分界线）的 350 起，发生于北部的 128 起，南部地区火灾事故发生数量接近北部地区 3 倍，如图 3.3 所示。这是因为南部地区温度普遍高于北部，在高温作用下更易引发电动汽车动力电池短路及热失控导致起火；同时，南部地区湿气较重，降雨较多，电动汽车也有因动力电池进水导致短路起火的风险。

（3）车辆状态因素

对火灾事故发生时的电动汽车所处状态进行分析，其主要可归纳为车辆行驶、车辆静置、车辆充电、车辆碰撞（磕碰）4 种状态，如图 3.4 所示。其中，车辆在行驶过程中与静置过程中发生起火的情况较多，由碰撞引发的情况相对较少。

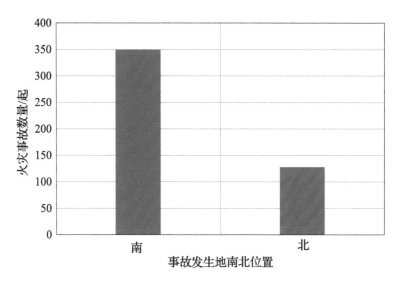

图 3.3　近 5 年电动汽车火灾事故地理位置分布

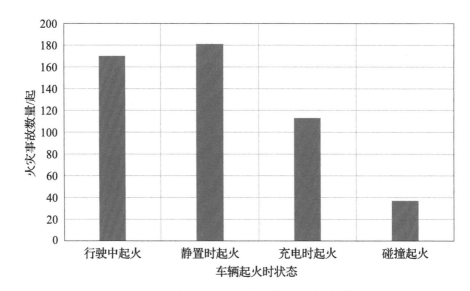

图 3.4　近 5 年电动汽车火灾事故发生时车辆状态

从近 5 年电动汽车火灾事故综合信息来看，电动汽车火灾事故的发生与车辆环境温度有较大联系，在温度较高的南方，以及较热的时节里更易发生起火事件。

3.2　电动汽车火灾事故典型案例

3.2.1　底部磕碰起火案例分析

（1）事故基本情况

2020 年 7 月 1 日 13：20 分，重庆市一辆纯电动轿车在充满电后 1h 驶向广场停车处，停车后 20min 左右车辆下部冒烟，火势蔓延迅速，并且引燃周围车辆，随后消防人员到达现场将火灾扑灭。车辆起火波及周围其他 4 台车辆，如图 3.5 所示，无人员伤亡。

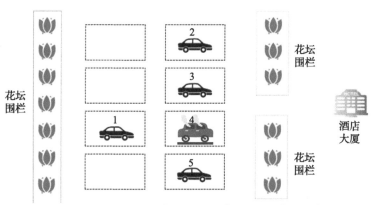

图 3.5　火灾现场简易示意图（事故车辆为 4 号）

（2）案例分析

通过对前后左右各个轮胎和车身外壳的烧损程度检查，以及车内外燃烧状态对比分析，可以初步认定首先起火部位为车辆下方、外部。确定起火部位后，按照烧损由轻至重顺序进一步勘验。事故现场勘察结果显示，失火车辆前舱损毁严重。前保险杠、散热器、灯具等烧蚀，下部结构件等被燃烧灰烬覆盖，高压线等连接线束绝缘皮烧损。前、中乘员舱过火较重。车身前部、顶部、中部铝质覆盖件烧蚀，车身右侧铝制车门、A/B/C 柱烧蚀，左侧部分有残留，可见车漆，车内座椅、护板、顶篷等非金属部件烧蚀，前仪表板、储物盒、中央隔板等烧蚀，方向盘骨架、座椅骨架、车身钢架等裸露锈蚀，前部防火墙烧蚀，前后排地板表面被燃烧灰烬覆盖。后乘员舱过火较轻，后排座椅全部被上部非金属零部件和后行李舱内物品所覆盖，物品均有部分受热火烧痕迹。后保险杠右侧烧损，左侧较完整。左后轮烟熏变色，未失压，左侧烧损较轻，左前轮胎失压，轮毂局部烟熏变色，右侧轮胎全部失压变色严重，残留部分橡胶，轮毂烟熏变色严重。车辆勘查中未发现电气线路相关的短路熔痕。车辆电池包底板左后角可见刮擦痕迹并有凹陷情况，如图 3.6 所示，凹陷深度 15mm，可认定为起火前造成，单体底部与电池包底板最大距离为 11mm，凹陷的底板已经造成单体挤压，拆卸的电池单体按照原先布置情况重新放回电池包内部，发现烧损最严重的电池模组正好对应在底板凹陷处，而受两侧挤压的电池单体正位于凹陷的最大处。

图 3.6　电池包底板凹陷情况

从事故车辆数据上看，事故车一共发生了 1510 次报警，离事故最近的一次报警是 2020 年 6 月 25 日的 10: 25: 31，绝缘故障报警 2 级。单体电池电压最低序号与温度传感器最高序号统一为同一序号 85 号，从电压相邻最大最小跳变频次看，4 次跳变均出现在 85 号单体，因而 85 号单体风险极大，如图 3.7 所示。

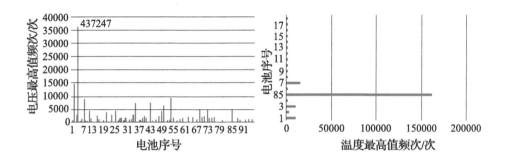

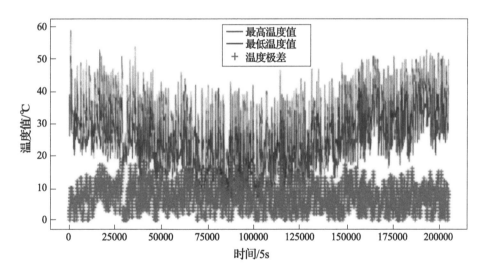

图 3.7　事故车辆电池电压、温度数据

综合来看，电池包中烧损最严重的模组中两侧受挤压的电池单体、发生刮擦与凹陷情况的电池单体、数据中出现最多异常的电池单体都为 85 号电芯，因此起火原因为新能源汽车电池包底部磕碰导致内部单体电池或模组出现故障引发热失控起火，最终导致整车烧毁。

3.2.2 碰撞起火案例分析

（1）事故基本情况

2022 年 4 月 18 日，辽宁省大连市某交叉路口 1 辆特斯拉电动汽车与 1 辆小车相撞。特斯拉汽车起火，整车被烧成框架，无人员伤亡，如图 3.8 所示。

图 3.8　火灾事故现场

（2）案例分析

经初步勘验，车辆周边未见其他可燃物、过火痕迹，火灾未向邻近车辆蔓延。起火点为车辆前舱、驾驶室、车底，周边车门完整，左前方严重烧损，轮毂烧蚀损坏，右前方轮毂完整但轮胎烧损，而后轮基本保持完整。汽车底盘区域内仅设置有三元锂电池组，未配置其他电气零件、线路，距离三元锂电池组 15 ~ 17cm 位置出现显著燃爆损坏痕迹。拆解事故电池包，发现电池高压插座位置、壳外部 15 ~ 17cm 位置分别出现锈蚀、燃爆损坏痕迹。同时，在电池包左后部出现高温变色痕迹，整包烧损。车头与车尾同时燃烧过程中，车轮轮辋位置窜出火焰到达上方翼子板。在消防队赶赴现场后，车体仅剩下框架。

电池组邻近左前轮位置缝隙存在烧损残留物，经电镜扫描能谱分析，确定烧损残留物由锰、铜、铁、镍、氧、钴、碳等三元锂电池材料元素组成，与同型号电池对比一致。用直流电压下短路痕迹模拟电动汽车电池熔断方式，通过分析可以发现：宏观上，一次短路熔断痕迹较短，多为熔珠，熔化部分较少，与基本过渡区域尺寸相对熔断痕迹具有较大差异；二次短路熔断痕迹较长，形状不规则，表现为底部大而上部小的熔蚀坑。微观上，电压恒定时，电动汽车一次短路熔断痕迹组织为胞状晶、柱状晶的缓慢过渡；电动汽车二次短路熔断痕迹组织为粗大柱状晶体，熔断痕迹内存在大孔洞。而将电流恒定时，短路产生能量随短路电压的升高而增大，短路熔珠迸溅范围、声音、亮度与电热能量随之增加，引发火灾风险更大。由此得出，电动汽车火灾发生原因是电池舱内左前方电池模组部分在撞击下发生电气故障，引燃周边可燃物，疑似电池组热失控及热管理系统起火。

3.2.3　充电过程起火案例分析

（1）事故基本情况

2022 年 5 月 30 日，停放在某公园停车场充电中的一辆电动汽车突然发生异响，当事人摘下充电枪，随后底盘下部冒出白色烟气。

（2）案例分析

根据现场勘验结果，起火车辆周围未发现引火物品，车辆过火情况为前重后轻，前机盖白色车漆基本烧蚀。左前车门烟熏痕迹明显，左后视镜塑料外壳下部已熔融呈下垂状，左后车门外壳掉落地面。右侧车身前后翼子板处车漆烧蚀，金属变色严重，右侧车门轻微烟熏，右后车门靠后轮处有明显过火痕迹。动力电池底部完好，无磕碰撞击痕迹。动力电池内模组外壳下方一处不规则空洞，为高温烧蚀而成。57号电池靠近边角处有明显烧蚀的一处豁口，电池表面的极片、隔膜均不完整，有缺失痕迹，5号电池模组内其他单体电池外观较为完整，碳化变色较为均匀，如图 3.9 所示。

图 3.9　起火车辆现场及动力电池

从数据上看，起火车辆于 2022 年 5 月 29 日 23 时 13 分 54 秒开始充电，5 月 30 日 00 时 06 分 35 秒，车辆动力电池的 57 号电池单体电压从 4.12V 降到 4.02V，紧接着 7s 内降到 3.68V，降幅 0.34V，此时动力电池 SOC 97.6%，应该是第 57 号单体电池发生了内短路。

根据事故描述、现场勘察以及数据分析的综合判断，此起火灾起火原因是车辆动力电池内部电芯发生内短路进而引起电池热失控，导致火灾发生。

3.2.4　电池泡水案例分析

（1）事故基本情况

2021 年 5 月 31 日某电动汽车发生泡水，水面完全没过车辆动力电池总成，持续泡水时间 20h。2021 年 7 月 30 日拖至维修车间，8 月 5 日 1 时 59 分，停置在维修车间的车辆起火，如图 3.10 所示。

图 3.10　事故现场

（2）案例分析

经初步现场勘验，车辆周围未见除车辆以外的其他可燃物及过火痕迹，火灾未向周边蔓延。车辆前舱、车底、驾驶室均已烧损，四扇车门均保存较完整。车辆左前轮烧损最严重，轮毂已烧蚀缺损，右前轮轮胎基本烧损、轮毂较完整，左、右后轮保存较完整，整车起火过程均在视频监控区域。车底部安装电池的 10 ~ 20cm 处出现明显爆燃痕迹。对动力电池进行拆解勘验，发现车辆动力电池高压插座处有锈蚀。三元锂电池组靠近左前轮位置缝隙处有烧损残留物脱出。

从监控视频分析，1 时 43 分 45 秒，通过相邻车辆车头处反光可见车辆左前轮下方开始有异常光点，与烧损痕迹相符，1 时 43 分 53 秒为第一次爆燃，起火时车辆底部出现多次爆燃，与三元锂电池热失控爆燃起火特性一致。

根据综合火灾事故调查取证情况，可排除人为放火、充电不规范起火、底盘刮蹭起火等原因。现场勘验情况显示，起火位置位于车辆左前部驾驶室下侧，火势为从前向后、从左向右、从下向上方向蔓延。因车辆底盘区域仅有电池组一个零件总成，可以确定系电池组起火引发车辆内部过火。

3.2.5 外部热源引发火灾案例分析

（1）事故基本情况

某电动车辆在利用自带 220V 充电器充电过程中起火，如图 3.11 所示。

（2）案例分析

汽车右前车灯部位、右前车轮挡泥板及金属护壳、发动机盖下机舱烧毁严重。汽车机舱右前部被烧毁，布置的洗涤器、组合前照灯（右）、前雾灯（右）、右前轮转速传感器被烧毁。右前车轮挡泥板塑料完全熔融

图 3.11　火灾现场消防

烧毁，右前轮轮胎及地面上可见熔融塑料滴落附着物，挡泥板上金属外壳漆皮完全脱落，铁质金属外壳呈灰白色。右前车轮轮胎保持气体和胎压、未塌陷，轮胎表层橡胶部分炭化，炭化程度上部重于下部，内侧重于外侧。家用电插板线路与插线板相连接处被烧毁脱落。电插板靠近自身插头线路侧第一个插孔被烧毁、脱落，外层塑料完全烧掉。当事人家用电插板与其插头线连接处烧断，在该处插头线一侧提取熔痕样品，经鉴定为一次短路熔痕。

综合分析认定：起火部位为该汽车右前车灯下部；起火点为汽车右前车灯下部与家用电插板相接处。在汽车充电过程中，家用电插板与其取电插头线连接处短路，引燃车灯下部塑料等可燃物蔓延成灾。家用电插板线路直径小于家中供电线路直径、小于汽车自带的充电器线路直径，家用电插板电阻增大，长时间充电，线路发热失去绝缘性能，发生短路；家用电插板与其插头侧线路相接处，由于长期使用，绝缘层疲劳，此外在给汽车充电前曾下过雨，充电环境周围空气潮湿，均是线路绝缘失效加剧因素。

针对可能的外部热源火灾，需要检查汽车车厢内或行李舱内，以及轮胎附近，重点勘验和提取起火点附近的玻璃烟尘、车身烟尘、炭化残留物、地面泥土、可疑引火物和液体盛装容器等，以获取物证用于专业的检测分析，如图 3.12 所示。

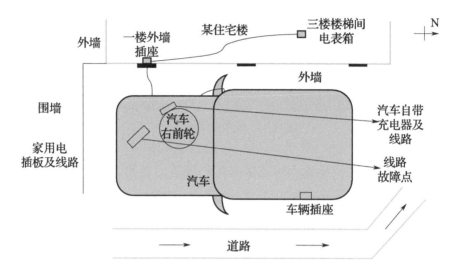

图 3.12　事故汽车火灾现场简易示意图

第4章

电动汽车火灾
机理分析

电动汽车火灾突发性强、伤害性大、扑救难度大，历年电动汽车火灾事故统计数据显示，电池系统故障、高电压系统故障和电子电器部件故障是电动汽车起火的三大主要车辆本身因素。电动汽车火灾主要有五大特点：

1）潜伏性，电池微短路、电路接触不良、线束老化等是一个长期积累的过程。

2）危险性，相比燃油汽车，电动汽车材料（特别是动力电池）燃烧剧烈、起火因素多、火灾蔓延途径多、扑救难度大，造成人们对新能源汽车火灾的抵御能力下降。

3）综合性，按照燃烧对象区分，火灾分为 A 类固体物质火灾、B 类液体或可熔化的固体物质火灾、C 类气体火灾、D 类金属火灾、E 类带电火灾和 F 类烹饪器具内的烹饪物（如动植物油脂）火灾，而电动汽车涉及了 F 类以外的全类型火灾。

4）确定性，汽车本身是一个机械、电气、热、化学等多因素的综合体，是一个能量的载体，在某些特性条件下必然会引起能量的异常释放，一般是以热的形式对外释放。

5）随机性，电动起火的触发因素多样化，且不可预测。

4.1　动力电池单体燃烧机理

4.1.1　开放环境

　　电池在热滥用、电滥用和机械滥用等情况下，内部会发生一系列的副化学放热反应使得电池隔膜熔化崩溃，正负极接触出现内短路，导致其温度不受控制，急剧升高到 800~1000 ℃。相关研究发现，电池热失控伴随着较高的温度，但其并不是引起电池起火燃烧的决定性因素，电池起火燃烧需要满足"三要素"，即可燃物、助燃剂（氧气）和着火点（温度），而热失控产生的高温只是燃烧"三要素"中的一环[1]。有学者发现，热失控过程中电池正极释放的氧气不足以使得可燃电解质完全燃烧[2]，因此，热失控过程中电池内部不会发生燃烧，电池燃烧往往是由外部因素引起的。热失控后通过安全阀高速喷射出的大量可燃气体被排气过程中产生的电火花或者外部火源点燃，从而导致电池燃烧甚至发生爆炸。通常镍钴锰（NCM）电池发生热失控时产热、产气现象较为剧烈，安全阀打开后会瞬间喷发出大量的火星，持续喷发的气体被火星点燃迅速起火燃烧。如图 4.1 所示，可以观察到火焰是在排气阀口产生的，这也证明了电池燃烧并非是在内部形成。

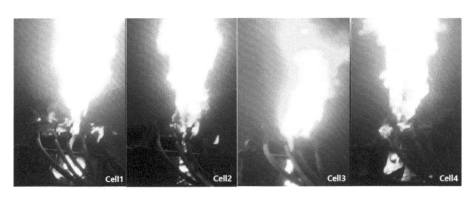

图 4.1　NCM 电池安全阀打开产生火焰[3]

火星是电池安全阀打开后喷出的红色、黄色或银白色的发光小颗粒。多数研究表明，NCM 电池热失控期间喷出电火花（火星）能够点燃安全阀喷出的易燃气体[4-5]。Chen[6]等人在 21700 型 NCM 电池热失控试验中观察到：安全阀刚打开时喷出少量相对暗淡的红色火星，几毫秒后火星剧烈喷发，然后变为明亮的银白色火星簇。尽管在视觉上类似于射流火焰，但此时只是由密集的火星聚集产生的而不是真正的火焰，如图 4.2所示。火星颜色的变化不仅与温度有关，还与化学成分有关。通过将观察到的火星颜色与特定元素产生的火星的颜色进行对比，可以推断出热失控早期红色的火星可能来自电池内部的碳酸锂。温度较高的锂盐被高速气流迅速带出产生早期的火星，而明亮的银白色火星则来源于高温条件下电极材料中产生的铝箔和铜箔碎屑，小块的电极集流体碎屑和大块的碳基负极材料被迅速喷出，从而产生明亮的火星，进而演变成火焰。

图 4.2　热失控火星演变过程

相比于 NCM 电池，LFP（正极由磷酸铁锂组成的电池）电池发生热失控后安全阀打开的瞬间并不会喷出大量的火星，而是持续喷出大量的高温可燃性气体，并且在没有外部火源引燃的条件下不会产生燃烧现象。MAO[7]等人与 Zhai 等人[8]对 300A·h 和 243A·h 的 LFP 电池单体进行加热触发热失控试验，发现电池单体安全阀打开后喷出可燃性气体会经历一个由平稳喷发到剧烈喷发再到逐渐衰减的过程，在此期间并未观察到火星的产生而且电池也没有发生燃烧，需要由电弧点火器来点燃安全阀喷出的气体才能观察到火焰的产生，如图 4.3 所示，火焰的大小取决于可燃气体的喷发量，随着可燃气体的减少，火焰也会逐渐熄灭。

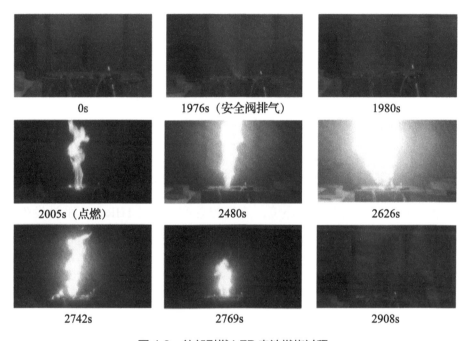

0s	1976s（安全阀排气）	1980s
2005s（点燃）	2480s	2626s
2742s	2769s	2908s

图 4.3　外部引燃 LFP 电池燃烧过程

从上述试验可以看出，NCM 电池和 LFP 电池的排气和燃烧现象存在一定的差异，但其燃烧均是由安全阀排出的可燃性气体被点燃引起的，火焰在电池外部产生并随着产气结束而逐渐熄灭。

4.1.2　密闭环境

前文提到的电池燃烧试验均是在敞开环境下进行的，而电池在实际使用过程时集成在电池包或储能电站的电柜中，属于封闭状态，其热失控燃烧现象可能与敞开环境下存在较大的差异，因此需要分析电池在密闭状态下的热失控产气和燃烧现象。

Liu 等人[9]分别在敞开和密闭环境中对 114A·h 的 NCM811 电池进行了加热触发热失控试验。密闭柜内电池热失控安全阀打开后，只进行了短暂的爆燃，爆燃过后火焰很快消失，没有出现射流喷火现象，如图 4.4 所示。密闭柜内单体电池的热失控特征时间和温度与敞开环境中的结果几乎一致，见表 4.1，密闭空间并不会影响电池的热失控自产热的过程，但密闭空间内电池热失控排放的可燃性气体浓度远大于开敞环境，具有较大的爆炸风险。Wang 等人[10]对比分析了不同正极材料方形电池在敞开和密闭环境中的热失控差异，见表 4.2。相比于敞开环境，密闭空间内氧气更少，电池不易发生燃烧，因此密闭环境中电池火焰燃烧峰值功率（HRR）远低于敞开环境，热失控总产热量（THR）几乎没发生变化。此外，密闭柜的排气阀打开后易燃物质从柜内释放并与空气充分接触时，也没有发生射流喷火现象。

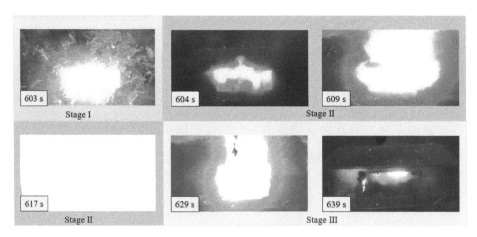

图 4.4　密闭柜内电池热失控爆燃现象

与上述研究人员观察到的现象不同，Zhang 等人[11]发现 18650 型 NCM 523 电池在密闭空间内安全阀排放气体达到一定浓度后会发生气体爆炸，爆炸后电池喷出的气体会持续燃烧，温度达到 T_3 时剧烈燃烧，最后逐渐熄灭。电池在密闭环境中是否燃烧取决于密封箱的密封性，密封性越好的箱体内氧气含量越少，越不容易发生燃烧。Tang 等人[12]在密封箱内进行 18650 型电池热失控试验时，发现电池出现爆燃后，产生的火焰很快消失，不会持续燃烧，这与 Liu 和 Wang 等人得到的结论类似。因此，电池在密闭环境中比敞开环境（Open Space，OS）下的火灾风险低，但要注意密闭环境（Close Space，CS）体积小，电池热失控排放的可燃气体浓度相对较高，具有较大的爆炸风险。

表 4.1　敞开环境与密闭环境中电池热失控特性参数差异

SOC	100%-OS	100%-CS	75%-CS	50%-CS	25%-CS	0%-CS
$t_{排气}$/s	623	638	663	737	837	936
T_2/℃	107.3	109.7	131	148.7	172.1	—
T_{max}/℃	644	636.5	634.9	587.6	457.1	276.7
r_{max}/（℃/s）	62.9	59.2	26.4	17.7	12.3	0.3

表 4.2　敞开环境与密闭环境燃烧峰值功率和热失控总产热量对比

敞开环境			密闭环境		
电池	HRR/kW	THR/kJ	电池	HRR/kW	THR/kJ
NCM 811	246.36	5903.2	NCM 811	26.29	5903.2
NCM 622	91.31	2752.5	NCM 622	16.33	2752.5
NCM 523	63.24	2570.4	NCM 523	6.87	2570.4
LFP	42.40	7386.7	LFP	—	—

4.1.3　电池热失控产物与爆炸极限

（1）NCM 电池与 LFP 电池产气分析

电池热失控出现起火、爆炸等现象均与其安全阀开启后排放的可燃性气体有关。NCM 电池和 LFP 电池在热失控期间排放的气体主要是 CO、CO_2、H_2、CH_4、C_2H_4 以及少量的其他气体。表 4.3 为惰性气体环境下 5 种 SOC=1 单体电池热失控的产气组分和体积百分比，尽管电池的正极材料不同，但其热失控后排放的气体种类大致相同，其原因是高温环境下正极材料分解释放的主要是氧气而不产生其他气体，CO、CO_2、碳氢化合物、氟化物等气体主要由电解质溶液热分解反应以及 SEI 膜的分解反应产生，负极嵌入的锂离子与黏结剂反应则会产生氢气。另外，在惰性手套箱内湿度为 10 ppm$^{\ominus}$的环境下不会产生 HF 气体，HF 气体在 300 ppm 下才会产生，因此表 4.3 中没有 HF 气体的含量。表 4.4 为非惰性气体环境下 SOC=1 的 NCM 电池和 LFP 电池产气成分百分比。

表 4.3　惰性气体环境下 5 种 SOC=1 单体电池热失控的产气组分和体积百分比[13]

电池	容量 / A·h	CO （%）	CO_2 （%）	H_2 （%）	CH_4 （%）	C_2H_4 （%）	其他 （%）
NCM 523	153	31.10	32.50	22.20	3.10	8.10	3.00
NCM 622	50	32.40	35.30	23.40	4.10	0.08	4.72
NCM 811	118	22.92	30.75	23.96	5.39	15.71	1.27
NCM 9/0.5/0.5	165	40.44	24.2	20.26	3.86	7.28	3.96
LFP	304	9.3	22.81	50.82	4.49	6.57	6.01

　　$\ominus$ ppm 为湿度单位，百万分之一。

表 4.4　非惰性气体环境下 SOC=1 的 NCM 电池和 LFP 电池产气成分百分比 [10, 14]

电池	容量 /A·h	CO（%）	CO₂（%）	H₂（%）	CH₄（%）	C₂H₄（%）	HF（%）
NCM 523	116	34.9	36.2	7.6	1.7	10.1	9.5
NCM 622	139	26.6	46.4	5.7	2.8	11.1	7.4
NCM 811	117	19.6	56.7	5.6	1.9	7.6	8.6
LFP	86	11.7	30.33	38.86	6.63	9.8	2.68

表 4.4 内没有氧气的含量，是因为在高温环境下，电解液会加速正极材料分解释放的氧气、氧离子（O_2、O_2^-、O^-）等物质，释放的氧气等物质会迅速与电解液发生反应，加速电池热失控产热[15]，该反应过程如图 4.5 所示。除此之外，还有研究表明正极释放的氧气等物质会被正极与负极材料的放热反应迅速消耗，同时也产生较大的热量，以至于正极没有多余的氧气产出[16]。因此，电池热失控产生的氧气均在其反应过程中被消耗，导致热失控结束后无法准确测得电池的产氧量。

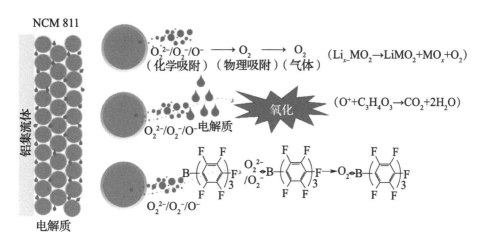

图 4.5　正极释放氧气与电解液反应示意图

有些研究表明，电池热失控释放的气体与温度存在着一定的关系[13, 17-18]。以 NCM 电池为例，当电池温度达到 70~90 ℃时，负极表面附着的稳态和亚稳态 SEI 膜［ROCO$_2$Li 和（CH$_2$OCO$_2$Li）$_2$］开始发生分解反应：

$$（CH_2OCO_2Li）_2 \rightarrow Li_2CO_3 + C_2H_4 + CO_2 + \frac{1}{2}O_2 \qquad （4.1）$$

随着自产热温度持续升高，电池内部的锂金属与电解液发生反应，生成碳酸锂和碳氢化合物气体，反应过程如下：

$$2Li + C_3H_4O_3（EC）\rightarrow Li_2CO_3 + C_2H_4 \qquad （4.2）$$

$$2Li + C_4H_6O_3（PC）\rightarrow Li_2CO_3 + C_3H_6 \qquad （4.3）$$

$$2Li + C_3H_6O_3（DMC）\rightarrow Li_2CO_3 + C_2H_6 \qquad （4.4）$$

以 EC 为例，当温度超过 200 ℃时，电解液会发生分解反应，释放出二氧化碳、氟化物气体以及碳氢化合物，反应过程如下：

$$C_2H_5OCOOC_2H_2 + PF_5 \rightarrow C_2H_5OCOOPF_4 + HF + C_2H_4 \qquad （4.5）$$

$$C_2H_4 + HF \rightarrow C_2H_5F \qquad （4.6）$$

$$C_2H_5OCOOPF_4 \rightarrow PF_3O + CO_2 + C_2H_4 + HF \qquad （4.7）$$

$$C_2H_5OCOOPF_4 \rightarrow PF_3O + CO_2 + C_2H_5F \qquad （4.8）$$

$$C_2H_5OCOOPF_4 + HF \rightarrow PF_4OH + CO_2 + C_2H_5F \qquad （4.9）$$

除此之外，电解液本身也会在高温下与氧气发生氧化反应并释放大量热量加速热失控反应，电解液完全反应生成二氧化碳，不完全反应则生成一氧化碳。同样以 EC 为例，反应过程如下：

$$2.5O_2 + C_3H_4O_3（EC）\rightarrow 3CO_2 + 2H_2O \qquad （4.10）$$

$$O_2 + C_3H_4O_3（EC）\rightarrow 3CO + 2H_2O \qquad （4.11）$$

电池正极材料在 280~445 ℃之间发生分解反应，从而释放出氧气，氧气会进一步加剧正极与负极的反应以及电解液的氧化反应。正极产生氧气反应过程如下：

$$Mn_2O_4 \rightarrow Mn_2O_3 + \frac{1}{2}O_2 \tag{4.12}$$

$$Li_{0.2}Mn_2O_4 \rightarrow 0.2LiMn_2O_4 + 0.8Mn_2O_4 \tag{4.13}$$

$$3Mn_2O_4 \rightarrow 2Mn_3O_4 + 2O_2 \tag{4.14}$$

$$LiMn_2O_4 \rightarrow LiMn_2O_{4-y} + \frac{y}{2}O_2 \tag{4.15}$$

$$LiMn_2O_4 \rightarrow LiMnO_2 + \frac{1}{3}Mn_3O_4 + \frac{1}{3}O_2 \tag{4.16}$$

当负极表面的 SEI 膜分解后，嵌入负极中的锂离子会与黏结剂进行反应释放出氢气：

$$-CH_2-CF_2 \xrightarrow{\text{碱性物质}} -CH= CF \mp HF \tag{4.17}$$

$$-CH_2-CF_2 + Li \xrightarrow{\Delta T} LiF \pm CH = CF \mp \frac{1}{2}H_2 \tag{4.18}$$

相比于 NCM 电池，磷酸根的空间结构呈正四面体，因此，LFP 电池正极材料具有较好的稳定性，使其在高温下难以分解，几乎不释放氧气。此外，不同于 NCM 电池的产气过程，LFP 电池产气时会喷发出大量的电解液蒸汽，喷发出的高温电解液会进一步挥发从而产生更多的可燃性气体，而且其热失控产生的气体中氢气的比例较高，因此，LFP 电池具有较高的爆炸风险。

（2）NCM 与 LFP 电池热失控产物

电池在热失控过程中除了喷出大量的易燃、毒性气体外，还会喷出黑色颗粒粉末。通过观察定容密封舱（AEC）内 LFP 电池和 NCM 电池热失控后的碎片和产物发现，LFP 热失控的产物主要是电解液，如图 4.6

所示，喷出的电解液聚集在 AEC 舱内，仅产生少量的黑色颗粒粉末。而 NCM 电池热失控后的主要产物是黑色颗粒粉末，如图 4.7 所示，整个舱内都铺满了一层黑色粉末。

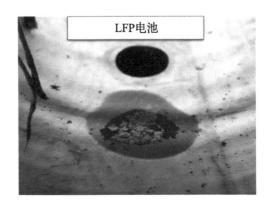

图 4.6　LFP 电池 TR 产物

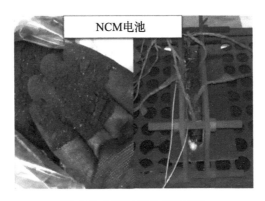

图 4.7　NCM 电池 TR 产物

为了探究黑色粉末的成分、危险特性和形成过程，Chen 等人[19]对电池热失控喷出的粉末进行了一系列测试，包括成分识别、热分析、颗粒尺寸测量和粉尘爆炸风险等。通过 XRF 测试，发现黑色粉末中主要包括 C、Al、Ni、Mn、Cu、Co、P 等元素，如图 4.8 所示，其中 C 元素的含量最多，金属元素的含量较少。通过进一步分析，得到的粉末中主要包含碳、有机硅、有机化合物、碳酸盐、二氧化硅、金属、金属氧化物等物质，各成分比例见表 4.5。其中碳可能来自于负极材料或有机电解质的不完全燃烧，碳酸盐可能是正极材料与电解质反应的生成物，Al 和 Cu 的共熔混合物来自于正负极集流体，金属氧化物可能是金属在高温下氧化生成的，有机硅和二氧化硅可能是测试过程中高温粉末与玻璃罩碰撞形成的杂质，有机化合物则来源于热失控各个阶段的副化学反应。

表 4.5　黑色粉末的成分和比例

成分	占比（%）
碳	68.0~69.0
有机硅、有机化合物	4.0~4.5
二氧化硅、碳酸盐、金属、金属氧化物	27.0~28.0

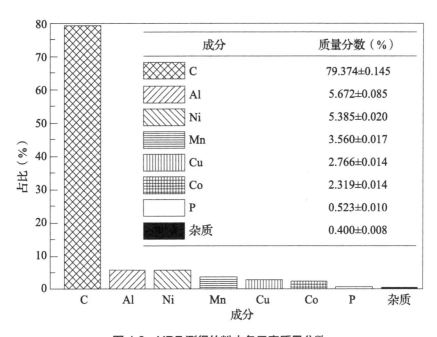

图 4.8　XRF 测得的粉末各元素质量分数

此外，对黑色颗粒粉末进行爆炸风险测试，发现该粉末不会产生粉尘爆炸的现象。原因在于粉末的主要成分是碳，平均颗粒尺寸在 147.06~210.04 μm 之间，远大于悬浮颗粒的尺寸 75 μm，不能稳定悬浮在空气中，所以，电池喷发出的黑色粉末颗粒不会发生粉末爆炸。

电池热失控期间排出的易燃气体与空气混合，存在气体爆炸的风险，因此需要研究混合气体的可燃性极限。当气体组分确定后，可以根据勒夏特列方程计算混合多组分气体的可燃性上下限（UFL，LEL）。LEL 是混合气体发生爆炸的下限，当空间内混合气体的 L_{mix} 值小于 LEL，空间内易燃性气体浓度过低不足以被引燃；当 L_{mix} 大于 LEL 时，会被火源引燃发生爆炸。当混合气体的 L_{mix} 值大于 UFL 时，空间内没有足够的氧气，也无法被火源引燃发生爆炸。LEL 与 UFL 之间是混合气体在密闭空间内的爆炸区间。

$$L_{mix} = \frac{1}{\sum\limits_{i=1}^{n} \dfrac{X_i}{L_i}} \times 100\% \qquad (4.19)$$

式中，L_{mix} 表示电池热失控产生气体的可燃性极限；L_i 表示电池中各易燃气体的可燃性极限；X_i 表示该气体所占的体积百分比。

由于 LFP 电池排放的气体中氢气的比例较大，在相同容量的情况下，LFP 电池的 L_{mix} 表值低于 NCM 电池，更容易被引燃，因此 LFP 电池在密闭空间内具有较高的爆炸风险。

4.2 电池包燃烧机理

机械碰撞导致电池包起火燃烧是最常见的一种事故原因，发生碰撞后电池受到严重的挤压变形，电池发生大规模短路，瞬间产生大量的热量和电火花可能引起火灾产生。如果碰撞过程中有金属异物刺入电池内部，则可能在一瞬间发生火灾。电池包的自燃烧现象主要是由于电池包的热失控。在电池热失控中，内部短路造成起火的情况较多，由于电动汽车内部的电路、线路错综复杂，所以起火隐患也多出现在这些线路上。例如在生产电池包时，微小的内部短路现象很难在短时间内察觉，经过长时间使用后会被持续加热，当内部累积能量到一定程度时，便会发生失控而起火[20]。并且，电池发生热失控时，安全阀和电池外壳的裂缝中会释放出易燃气体和有毒气体的混合物，这些气体在封闭区域内聚集，与周围的氧气混合时可能被附近的火源（如明火、火花或火星）点燃，从而发生起火或爆炸。

此外，电池包里集成了许多复杂的电路连接，由于振动或碰撞等原因，会发生接触点松动或短路问题。并且由于锂离子电池是高能物质，具有起火或爆炸的风险，电池单体发生火灾后，将导致周围电池相继发生火灾事故。通过对多起火灾事故进行分析，发现起火后的电动汽车残骸上具有电弧燃烧的痕迹，钢制外壳上出现了烧穿现象，如图 4.9 所示。一般情况下，钢材的熔点大约为 1500℃，普通的火焰燃烧很难达到如此高的温度，而故障电弧一般可以达到 4000℃的温度，因此，推测可能是由于电池与壳体之间发生了短路或者电接触故障，故障电弧烧穿了壳体。

图 4.9　起火后电动汽车残骸上的电弧击穿痕迹

通常，故障电弧可以分为直流电弧和交流电弧，而电池包提供直流电，因此，在一些滥用工况下其可能会发生直流电弧故障。直流故障电弧可以分为并联电弧和串联电弧，其中并联电弧可能是电池模组之间的短路、电池包进水、机械碰撞或线路断裂接地引起，如图4.10中f、d、e、g所示。而串联电弧可能由机械振动、碰撞、挤压、外壳绝缘老化或电池组内接触松动引起，一般发生在电芯内部、两个串联电池组之间、电池组与高压母线之间或串联的电气电路中，如图4.10中a、b、c所示。一般情况下，19V的电压就可以产生电弧，在35V的电压下就可以使直流电弧稳定燃烧。而电池包系统的直流母线电压往往高于300V，如果高压电弧突破电池的端盖、电极或者外壳，可能会导致电池变形、隔膜损坏、内短路和过热，诱使电池发生热失控[21]。

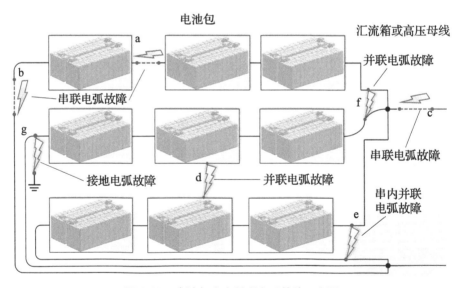

图4.10　电池包内串并联电弧故障示意图

多数情况下，单体电池内部的电流切断装置（CID）动作失效或电池组内部连接松动是造成串联电弧故障的主要原因[22]。

（1）CID 动作失效

为了防止因过热、过充电和过电压导致的电池热失控等安全问题，大部分锂离子电池都安装了 CID 保护装置，其既可以当作排气装置，也可以当作电流断路器。当电池内部压力达到阈值时，排气阀打开的瞬间 CID 也会切断电池正负极之间的电路，从而断开电流的输入和输出，阻碍电池内部的电化学反应。但当电池包受到碰撞或电池过热导致 CID 动作失效时，CID 无法正常断开电路，就会产生故障电弧，温度较高的故障电弧极有可能点燃电池排出的易燃气体或电池内部电解液，从而发生火灾。

（2）电池组内部连接松动

由于电动汽车在运行过程中不可避免地会产生机械振动，松动的接触点受到机械振动的影响反复产生故障电弧，这类电弧由于燃弧电压低，不易熄灭，具有较高的潜在危险。

当电池包内部电池或电气部件因为上述原因产生故障电弧时，若电池包内易燃混合气体与氧气接触浓度达到爆炸极限，则会被故障电弧点燃，进而发生爆炸并产生火焰。

4.3　整车燃烧机理

电池包主要由电池模块、机构系统、电气系统、电池管理系统和热管系统等部分组成，这些部件集成在有限的空间内，发生故障后就有可能引起火灾。其发生火灾的原因表现多样，例如：内短路、外短路、热烧灼、全线过热、元器件损坏、氧化、电池热失控等因素均可能引发火灾。许多研究将电池热失控作为电池包起火、爆炸的主要原因。为了探究动力电池热失控引发火灾的特征和机理，招商局检测车辆技术研究院有限公司（以下简称招商车研）以针刺为动力电池热失控的触发方式，进行电动汽车整车燃烧试验。针刺装置设置如图 4.11 所示。

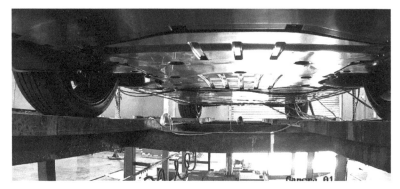

图 4.11　针刺装置设置

当针刺设备启动时，钢针以 1mm/s 的速度从垂直于电池底部的方向缓慢扎入电池包内。此时，电池包马上进入热失控状态，电芯温度急剧升高，电压发生跌落，内部副反应剧烈进行，底部电池包出现白烟，如图 4.12 所示。这些白烟由 CO、H_2、CH_4、C_2H_4 等成分组成。紧接着，由于辐射热流等影响，单个电芯热失控开始发生蔓延，相邻电芯温度升高并且发生热失控，当多个电芯被蔓延发生热失控时，电池包底部出现了多次冒烟现象。

图 4.12　电池包热失控初期

由于电池热失控的扩散行为，电池包经历了多次冒烟。当电池冒烟到一定程度后，电芯内部发生严重的热失控扩散，此时由于内部副反应和内短路产生大量焦耳热。当电池包达到一定极限时，冒出的烟气在大量增加，并且冒出的白烟逐渐转为黑烟，冷却系统失去作用，同时电池包底部开始喷出火星，如图 4.13 所示。之后数秒，电池包烟气积累达到极限，由冒出的火星点燃电池包产生的气体，电池包底部发生轰燃现象，开始喷出火焰，主要燃烧部位为电池包底部四周空隙以及前机舱盖。

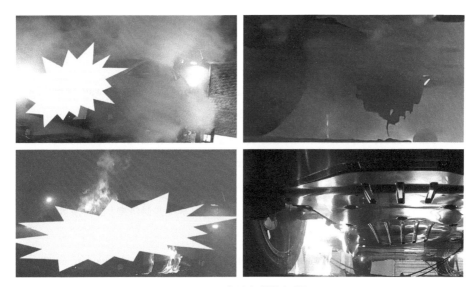

图 4.13　电池包燃烧初期

紧接着由于汽车内外部存在大量可燃物质，火焰开始发生蔓延，电池包底部火焰逐渐由空隙向中间蔓延，直至将整个电池包底部烧穿，如图 4.14 所示。前机舱盖火焰开始蔓延，从前往后燃烧，并且火焰开始从外向内燃烧，进而吞噬整个车辆。在整个燃烧过程中，可以观察到，外部燃烧火焰呈现为紫红色，这是由于电池包中的锂离子含量高，而金属锂的焰色反应为紫红色，因此呈现出这种燃烧现象。

图 4.14　燃烧蔓延情况

参考文献

［1］ FENG X N, REN D S, HE X M, et al. Mitigating thermal runaway of lithium-ion batteries［J］. Joule, 2020, 4（4）: 743-70.

［2］ FENG X N, OUYANG M G, LIU X, et al. Thermal runaway mechanism of lithium ion battery for electric vehicles: A review［J］. Energy Storage Materials, 2018, 10: 246-67.

［3］ 常润泽. 基于隔热层的锂离子动力电池热失控蔓延抑制研究［D］. 淄博: 山东理工大学, 2023.

［4］ PING P, KONG D P, ZHANG J Q, et al. Characterization of behaviour and hazards of fire and deflagration for high-energy Li-ion cells by over-heating［J］. Journal of Power Sources, 2018, 398: 55-66.

［5］ DITCH B, ZENG D. Fire Hazard of Lithium-ion Battery Energy Storage Systems: 1. Module to Rack-scale Fire Tests［J］. Fire Technology, 2020, 59: 3049-3075.

［6］ CHEN H D, BUSTON J E H, GILL J, et al. An experimental study on thermal runaway characteristics of lithium-ion batteries with high specific energy and prediction of heat release rate［J］. Journal of Power Sources, 2020, 472（1）: 228-241.

［7］ MAO B B, LIU C Q, YANG K, et al. Thermal runaway and fire behaviors of a 300 Ah lithium ion battery with LiFePO$_4$ as cathode［J］. Renewable & Sustainable

Energy Reviews, 2021, 139（4）: 1-14.

［8］ ZHAI H J, CHI M S, LI J Y, et al. Thermal runaway propagation in large format lithium ion battery modules under inclined ceilings［J］. Journal of Energy Storage, 2022, 51（7）: 104477.1-104477.15.

［9］ LIU P J, SUN H L, QIAO Y T, et al. Experimental study on the thermal runaway and fire behavior of $LiNi_{0.8} Co_{0.1} Mn_{0.1} O_2$ battery in open and confined spaces［J］. Process Safety and Environmental Protection, 2022, 158: 711-726.

［10］LIU P J, WANG C D, SUN S J, et al. Understanding the influence of the confined cabinet on thermal runaway of large format batteries with different chemistries: A comparison and safety assessment study［J］. Journal of Energy Storage, 2023, 74: 109337.

［11］LIU J L, ZHANG Y, ZHOU L F, et al. Influencing factors of lithium-ion battery thermal runaway in confined space［J］. Journal of Energy Storage, 2023, 73: 109125.

［12］TANG X J, HU J, LIU T, et al. Experimental investigation on the cooling effect of fully submerged fine water mist on lithium-ion batteries in confined space［J］. Applied Thermal Engineering, 2024, 239: 122166.

［13］SHEN H J, WANG H W, LI M H, et al. Thermal tunaway characteristics and gas composition analysis of lithium-ion batteries with different LFP and NCM cathode materials under inert atmosphere［J］. Electronics, 2023, 12（7）: 1603-1611.

［14］QIN P, JIA Z Z, WU J Y, et al. The thermal runaway analysis on $LiFePO_4$ electrical energy storage packs with different venting areas and void volumes［J］. Applied Energy, 2022, 313: 118767.

［15］LI Y, LIU X, WANG L, et al. Thermal runaway mechanism of lithium-ion battery with $LiNi_{0.8} Mn_{0.1} Co_{0.1} O_2$ cathode materials［J］. Nano Energy, 2021, 85: 105878.

［16］LIU X, REN D S, HSU H J, et al. Thermal runaway of lithium-ion batteries without internal short circuit［J］. Joule, 2018, 2（10）: 2047-2064.

［17］ZOU K Y, HE K, LU S X. Venting composition and rate of large-format $LiN_{0.8} Co_{0.1} Mn_{0.1} O_2$ pouch power battery during thermal runaway［J］. International Journal of Heat and Mass Transfer, 2022, 195: 123133.

［18］WANG G Q, KONG D P, PING P, et al. Modeling venting behavior of lithium-ion batteries during thermal runaway propagation by coupling CFD and thermal resistance network［J］. Applied Energy, 2023, 334: 120660.

［19］CHEN S C, WANG Z R, YAN W. Identification and characteristic analysis of powder ejected from a lithium ion battery during thermal runaway at elevated temperatures ［J］. Journal of Hazardous Materials, 2020, 400: 123169.

［20］高占彬. 电动汽车起火事故调查分析［J］. 今日消防, 2023, 8 (7): 115-117.

［21］李文初. 电动汽车电池包串联型故障电弧信号特征及诊断方法研究［D］. 阜新: 辽宁工程技术大学, 2022.

［22］XU W Q, WU X G, LI Y L, et al. A comprehensive review of DC arc faults and their mechanisms, detection, early warning strategies, and protection in battery systems ［J］. Renewable & Sustainable Energy Reviews, 2023, 186: 674-689.

第 5 章

电动汽车火灾
安全性测试评价

5.1 标准规范

电动汽车火灾安全主要体现在车辆及其零部件本征安全和抵制外部火灾风险两个方面。本征安全主要取决于车辆自身的高压、高热部件的安全防护水平，要具备较好的可靠性及稳定性，在产品全生命周期不起火，以及产品在车辆碰撞情形下，具备较好的人员保护功能和火灾防护措施，具备降低车辆变形、零部件挤压下的防起火、防短路措施。抵制外部火灾即附近存在火焰时，车辆具备延缓本身起火时间，延长人员逃生时间的变现。现在国内外存在多种标准，关乎直接或者间接对电动汽车的火灾安全，并且存在评价电动汽车火灾安全的规程或者指数，对保障或者提升电动汽车火灾安全具备一定的指导意义。

5.1.1 标准情况

GB 18384—2020《电动汽车安全要求》提出明确的车辆阻燃防护要求，电动汽车内饰材料阻燃性能应符合 GB 8410—2006《汽车内饰材料的燃烧特性》的要求，即内饰材料的燃烧速度不大于 100mm/min。GB 38032—2020《电动客车安全要求》对防火性提出具体要求，B 级电压部件水平燃烧满足 GB/T 2408—2021《塑料　燃烧性能的测定　水平法和垂直法》规定的 HB 级、垂直燃烧满足 GB/T 2408—2021《塑料　燃烧性能的测定　水平法和垂直法》规定的 V-0 级（驱动电机系统绝缘薄膜、绝缘纸除外）；可充电储能系统（或安装舱体）与客舱之间应使用阻燃隔热材料，阻燃隔热材料的燃烧特性应符合 GB 8624—2012《建筑材料及制品燃烧性能分级》中规定的 A 级要求，并且在 300℃时导热系数应不大于 0.04W/（m·K）。可充电储能系统安全要求较多：蓄电池系统最小管理单元进行热失控试验，试验对象应不起火、不爆炸；除蓄电池单体外，可充电储能系统内其他非金属零部件，其材质需满足水平燃烧 HB 级和垂直燃烧 V-0 级或者水平燃烧 HB75 级和垂直燃烧 V-2 级的要求；若从客舱引风为可充电储能系统调节温度，则引风口应配置烟雾控制装置，可充电储能系统发生安全问题时产生的有害气体应不能从进风口进入客舱。标准要求车辆碰撞（GB/T 31498—2021《电动汽车碰撞后安全要求》）、侧翻（GB 17578—2013《客车上部结构强度要求及试验方法》）结束后 30min 内，电池系统不得起火、爆炸，甚至对电解液的溢出提出了特别的要求。某材料阻燃试验、电池火烧试验、新能源客车碰撞试验如图 5.1~图 5.3 所示。

图 5.1　某材料阻燃试验

图 5.2 电池火烧试验

图 5.3 新能源客车碰撞试验

针对 M2、M3 类客车和专用校车上配置的灭火装备，GB 34655—2017《客车灭火装备配置要求》提出了基本要求和应用要求，比如应能扑救 A 类火灾、B 类火灾、C 类火灾和 E 类火灾以及手提灭火器的规格、数量和位置。GB 7258—2017《机动车运行安全技术条件》要求车长大于或等于 6 m 的纯电动客车、插电式混合动力客车，应能监测动力电池工作状态并在发现异常情形时报警，且报警后 5min 内电池箱外部不能起火爆炸；同时要求安装有客舱固定灭火系统的公共汽车，其客舱固定灭火系统的性能应符合 GA 1264—2015《公共汽车客舱固定灭火系统》的规定，该标准对灭火系统的响应时间、喷放时间、最远端压力、喷放强度、灭火性能、气候环境适应性和喷头、灭火剂输送管道和管件、驱动装置、灭火剂储存装置、灭火剂、启动装置等提出了具体，从而确保有效的灭火效果。某公交配备的灭火器如图 5.4 所示。

图 5.4　某公交配备的灭火器

GB 38031—2020《电动汽车用动力蓄电池安全要求》对动力电池提出热稳定性试验要求，包含外部火烧和热扩散乘员保护分析和验证。外部火烧试验利用面积稍大于测试对象的汽油炙烤电池系统（也可以附带对电池系统起到保护作用的车身结构）130s，要求电池系统不爆炸。将电池系统 SOC 调整至不低于制造商规定的正常 SOC 工作范围的 95%，然后采用针刺、加热、过充电或其他方式触发电池系统内靠近中心位置或者被其他电池单体包围的电池单体热失控，要求电池包或系统在由于单个电池热失控引起热扩散、进而导致乘员舱发生危险之前 5min，应提供一个热事件报警信号。该标准试验对象可以是电池系统、系统或整车，目前开展测试使用的多为电池系统。GB 38031《电动汽车用动力电池安全要求》正处于修订预研阶段，2022年11月30日完成了国标委立项公示，2023年12月下达立项计划，修订周期16个月，预计2025年上半年完成报批。预计新版本热扩散试验会统筹考虑成员保护、周边环境影响、技术发展等因素，在保护对象、适用场景、危险定义、安全要求及试验方法方面做一定修改。整车热扩散试验如图5.5所示。

图5.5　整车热扩散试验

2012年3月，联合国世界车辆法规协调论坛（WP.29）第156次会议于日内瓦召开，本次会议审议通过中、欧、美、日四方共同提案，同意成立电动汽车安全（EVS）工作组，该工作组主要致力于电动汽车安全全球技术法规的研究和制定工作。其中，美国为主席国、中国和欧盟为副主席国、日本为秘书处。

电动汽车安全全球技术法规（EVS-GTR）核心技术内容主要由乘用车整车安全、商用车整车安全和电池安全三部分组成。EVS-GTR针对1类车辆和2类车辆分别提出安全要求。含有可燃电解液的电池系统需满足耐火性要求，汽油或者液化石油气炙烤电池系统或整车时不得爆炸；车辆碰撞后不得有电解液泄漏到乘员舱，不能有超过5L的电解液泄漏到外部，同时车辆碰撞后 1h 内电池系统不得起火或者爆炸；在电芯热失控引发热扩散，继而对人员产生危害（包括起火、爆炸和烟雾）前至少 5min，整车需提供一个报警信号，并要求供应商提供触发报警的逻辑和报警系统的具体信息。2023 年 10 月 17 日，联合国世界车辆法规协调论坛框架下热扩散特别兴趣小组（SIG）第 1 次会议在荷兰召开，第 2 次 SIG 会议于 2024 年 1 月 30 日在瑞典举行。SIG 计划以联合国全球技术法规（GTR20）二阶段已形成的各缔约方共识为基础，形成以热扩散测试作为主要修订点的电动汽车安全法规修订草案。该修订草案将直接成为 UN R100 修订内容，并计划作为各国相关法规和修订基础。

ISO 6469-1：2019《电动道路车辆　安全规范 第 1 部分：可再充电能量存储系统（RESS）》同样包含火烧试验，要求经由燃烧汽油 130s 炙烤中和试验后，电池系统不得爆炸，试验允许对电池系统起保护作用的部分车架同电池系统一同试验。ISO 6469-1：2019 修正案 1《热传播安全管理》提供了评价电池系统降低热扩散风险措施有效性的方法，以及内短路、局部快速加热和针刺三种触发热失控的手段，并提供了描述热扩散试验结果的典型失效场景。

UN R.100 *Uniform provisions concerning the approval of vehicles with regard to specific requirements for the electric power train* 对动力电池系统提出耐火性能和热扩散试验要求，保证驾乘人员具备足够的逃生时间。耐火性能试验方法大致与 GB 38031—2020 相同，要求电池系统在汽油火焰炙烤 130 s 或 LPG 燃烧 2 min 至温度降低至环境温度期间不得出现爆炸。热扩散试验中，电池系统或车辆系统应提供一个信号，以激活车辆中的提前警告指示，以便人员逃生，信号应在乘客舱内出现由内部短路引发的热扩散引起的危险情况（如火灾、爆炸或烟雾）之前 5 min 发出。电动汽车火灾安全相关标准见表 5.1。

表 5.1　电动汽车火灾安全相关标准

序号	标准	要求项目
1	GB 18384—2020《电动汽车安全要求》	内饰材料阻燃性能
2	GB 38032—2020《电动客车安全要求》	防火性能：B 级电压部件及电池热失控等；车辆碰撞和侧翻安全
3	GB 34655—2017《客车灭火装备配置要求》	灭火器规格、数量和位置
4	GB 7258—2017《机动车运行安全技术条件》	具备有效的预警及灭火系统
5	GB 38031—2020《电动汽车用动力蓄电池安全要求》	热稳定性试验：外部火烧和热扩散
6	EVS-GTR	外部火烧、碰撞、热扩散
7	ISO 6469-1：2019	外部火烧
8	ISO 6469-1：2019 AMENDMENT 1	热扩散
9	UN R.100	耐火性能和热扩散

招商车研牵头编制的中国汽车工程学会的标准《电动汽车火灾控制技术要求及试验方法》将于 2024 年 11 月发布并实施。该标准是行业内第一个以电动汽车火灾安全为主题的标准，规定了电动汽车发生起火事件时的安全要求和试验方法，明确规定了危害乘员的危险状态，从安全警示要求、安全疏散要求、防触电安全要求、防火安全要求、数据安全要求五个维度明确车辆起火前后的安全性。

5.1.2　评价规程

为了促进中国汽车产业的健康发展，加速国内汽车市场的全球化进程，中国汽车技术研究中心于 2006 年 3 月 2 日正式发布了首版中国新车评价规程（C-NCAP）。C-NCAP 以更严格、更全面的要求，对车辆进行全方位安全性能测试，包括乘员保护、行人保护、主动安全等，从而给予消费者更加系统、客观的车辆安全信息，促进汽车企业不断提升整车安全性能。C-NCAP 按照乘员保护、行人保护和主动安全三个部分的综合得分率来进行星级评价。乘员保护、行人保护和主动安全三个部分按照试验项目分别计算各部分的得分率，再乘以三个部分各自的权重系数，求和后得到综合得分率。C-NCAP 2021 版管理规则中新能源汽车（含纯电动汽车和插电式混合动力汽车）需要进行正面 100% 重叠刚性壁障碰撞、正面 50% 重叠移动渐进变形壁障碰撞和侧面柱碰撞三项试验。虽然 C-NCAP 综合得分率的计算过程复杂科学，但是对于起火这一直接危害乘员生命健康的现象是零容忍的，如果在任意一项碰撞试验结束后的 3min 内，车辆出现明火，该车将被降一个星级。

2023 年 5 月，招商车研牵头发布了中国电动汽车火灾安全指数（C-EVFI），如图 5.6 所示，旨在评价电动汽车火灾安全风险，回应消费者普遍关注的新能源汽车自燃现象。C-EVFI 从四个维度开展电动汽车火灾风险评估及人员防护评估，见表 5.2，包括安全提示、应急救援、火灾防护、数据联动，其中应急救援权重最高。总体来讲，动力电池无热扩散、热失控预警准确超前、热失控后车门能正常打开、高压绝缘正常，则车辆评分较高。测评依托的触发试验为整车热扩散试验，规定采用加热方式触发电芯热失控。该试验方法超脱 GB 38031—2020《电动汽车用动力蓄电池安全要求》规定的试验方法，采用电动汽车整车开展测试，更能模拟动力电池失控下的整车安全状态，而不是只考虑动力电池系统的热失控预警功能。此外，该试验方法与 GTR-EVS、UN R100ISO 和 ISO 6469-1 修正案 1 标准中提到的整车级别热扩散试验大致相同。同时，指数提出可量化的车内烟雾、CO 和氧气浓度定义车辆危险状态，比国内外现行标准更加具体。因此，后期可为国际标准及国内 GB 38031—2020《电动汽车用动力蓄电池安全要求》的整车热扩散试验方法的更新提供技术支撑。

图 5.6　C-EVFI 发布会现场

表 5.2　C-EVFI 2023 R1 版测评项目及指标

序号	一级指标	二级指标	评价内容
1	安全提示	电池包高温预警	有光学预警
			有声音预警
		热失控车内报警	有文字报警
			有声音报警
			有光学报警
		热失控车外警示	有声音警示
			有灯光警示

（续）

序号	一级指标	二级指标	评价内容
2	应急救援	安全疏散	热失控后车内能够正常打开
			热失控后车外能够正常打开
			驾驶位车门具备应急开关功能
			副驾驶位车门具备应急开关功能
			后乘员门具备应急开关功能
		防触电安全	≤ 30V 交流或 60V 直流
3	火灾防护	可用安全疏散时间 t_1	$t_1 \geqslant 30\text{min}$
			$20\text{min} \leqslant t_1 < 30\text{min}$
			$10\text{min} \leqslant t_1 < 20\text{min}$
			$5\text{min} \leqslant t_1 < 10\text{min}$
			$0 \leqslant t_1 < 5\text{min}$
		热扩散防护	未发生热扩散
			热扩散电芯数量 $n = 1$
			热扩散电芯数量 $n = 2$
			热扩散电芯数量 $n > 2$
		防火安全	电池包无爆炸
			车外无火焰
			车内无火焰
			车内监测点温度 < 60℃
			t_1 时间内，烟雾浓度 < 1000ppm 且 CO 浓度 < 600ppm 且氧气浓度 > 19.5%
4	数据联动	安全监控	监管平台能够准确监控车辆状态
		应急联动时间 t_2	$0 < t_2 \leqslant 3\text{min}$
			$3 < t_2 \leqslant 5\text{min}$
			$t_2 > 5\text{min}$

招商车研对 C-EVFI 2023 在一年测试过程中的问题以及企业和研究机构的反馈意见进行收集，同时关注最新技术进展，对测试评价规程进行了修订，并于 2024 年 4 月 9 日主办中国电动汽车火灾安全指数测评规程（2023 R1）发布会，30 余家新能源整车企业及 50 余位高校专家代表出席会议（图 5.7），具体修订内容见表 5.3。

表 5.3　C-EVFI 2023 R1 版本变更内容

条款号	原内容	变更为
3.5	电池包有火焰喷出	车辆外部有火焰出现
3.9	热失控报警提前量：从电池发生热失控至车辆进入危险状态所经过的时间	可用安全疏散时间：从驾乘人员收到热失控报警信号至车辆进入危险状态所经过的时间
3.10	—	应急联动时间：从电池发生热失控至监管平台通过短信、电话或 App 主动联系车辆或车主所经过的时间
4.3.3	—	车门应急开关功能验证试验方法
表 2	测评项目及指标	细化
A.2	—	整车底部针刺试验方法

图 5.7　C-EVFI 2023 R1 发布会

C-EVFI 2023 R1 版更加注重新能源汽车在危险状态、疏散时间、应急联动时间、车门开关等方面的安全性能定义，同时也对防火和灭火技术提出了更高的标准和更严格的要求。

2023 年 11 月 8 日，中国汽车技术研究中心有限公司（以下简称中汽中心）正式发布新能源汽车电安全技术验证体系（NESTA），如图 5.8 所示，希望能推动行业、企业全方位保障电安全，守护用户安全出行，把工程化验证数据转化为消费者可以理解的语言和信息，解答消费者安全用车的诸多疑虑，确保用户放心、安全用车出行。

图 5.8　NESTA 发布会

新能源汽车电安全技术验证体系，基于消费者典型应用场景，以更严格、更全面的要求，对车辆进行全方位的电安全技术验证，涵盖充电安全、电磁安全、功能安全、高压安全、电池安全、消防安全等六个维度，提供系统客观的车辆电安全信息。

5.2 中国电动汽车火灾安全指数 2023 年测试评价报告

为探究电动汽车的火灾安全总体水平,中国电动汽车火灾安全性指数电动汽车安全测试评价管理中心开展了大量不同诱因下的整车火灾试验,分析整车燃烧过程中的蔓延途径和火后痕迹特征,以及燃烧过程中温度、烟气浓度的变化,验证车辆结构设计、功能安全、控制策略等,客观评价车辆总体火灾防护水平。

5.2.1 测评车辆总体安全水平

2023 年,电动汽车安全测试评价管理中心共计完成整车火烧试验 50 余次。在应急救援方面,绝大部分车门配有机械式应急开关,车门能够从车外和车内顺利打开,为驾乘人员能够第一时间安全疏散提供可靠保障;在安全提示方面,存在报警信息滞后、报警提示不准确和车内外无声音警示的缺陷,不利于车内乘员的疏散和警示车外人员采取应急措施;在数据联动救援方面,后台通过电话或短信的形式和车主联动,救援时间存在严重滞后现象,不利于车主采集紧急防护措施。

综合分析,从靶电芯触发热失控到热扩散的平均时长为 99s,发生热扩散概率为 76.47%,热失控后起火的概率为 41.18%,热失控至电池包防爆阀开启的平均时长为 10.21s,所有车辆起火之前会伴随大量的白烟笼罩整车,其后瞬间起火,如图 5.9 所示。

(1) NCM 电池和 LFP 电池热失控对比

相同试验条件的 NCM 电池和 LFP 电池热失控特征见表 5.4。NCM 电池热扩散概率为 81.82%,热失控后车辆起火概率为 54.55%,电池包

图 5.9　起火瞬间

防爆阀开启平均 4.9s 后产生热失控，热失控至热扩散平均时长为 115s；LFP 电池热扩散概率为 66.67%，热失控后车辆起火概率为 16.67%，热失控至电池包防爆阀开启的平均时长为 42.5s，热失控至热扩散的平均时长为 63s。

表 5.4　不同类型动力电池热失控对比

类型	发生热扩散概率（%）	起火概率（%）	热失控至电池包防爆阀开启时长 /s	热失控至热扩散时长 /s
NCM	81.82	54.55	提前 4.9s（先开阀）	115
LFP	66.67	16.67	42.5	63

对比分析可知，搭载 NCM 电池的车辆电芯热失控后更易发生起火。这主要因为 NCM 电池能量密度高、活性高的特点，热失控后释放能量高于 LFP 电池，更易发生热扩散、起火。正是因为 NCM 电池这一特性，NCM 电池电芯之间通常加装气凝胶，更加注重电芯间的隔热，致使 NCM 电池热失控至热扩散的时间较 LFP 电池长。

（2）加热和针刺热失控对比

相同试验环境下，加热和针刺触发热失控的结果统计见表 5.5。加热触发热失控后发生热扩散的概率为69.23%，热失控后起火概率为35.76%，热失控至电池包防爆阀开启平均时长为3.5s，热失控到热扩散的平均时长为121s；底部针刺触发热失控后发生热扩散的概率为67.30%，随后起火概率为36.50%，热失控至防爆阀开启时长为提前1.25s，热失控到热扩散的平均时长为102s。

表5.5 不同触发方式热失控对比

触发方式	发生热扩散概率（%）	起火概率（%）	热失控至电池包防爆阀开启时长/s	热失控至热扩散平均时长/s
加热	69.23	35.76	3.5	121
针刺	67.30	36.50	提前1.25s（先开阀）	102

5.2.2 整车热扩散试验案例分析

（1）加热触发火灾

在电池系统内部预设加热片，对某电芯大面加热触发热失控，并持续采集电池系统内温度、烟气、电压等信号。搭载NCM和LFP电池的车辆测试对比见表5.6。

表5.6 加热触发模式下的NCM和LFP电池对比

类型	发生热扩散概率（%）	起火概率（%）	热失控至电池包防爆阀开启时长/s	热失控至报警平均时长/s
NCM	83.33	50.00	1.00	1.20
LFP	66.67	16.67	42.50	37.67

搭载 NCM 电池的车辆，加热触发热扩散的概率为 83.33 %，起火概率为 50%，热失控至电池包防爆阀开启时长为 1.00s，热失控至报警平均时长 1.20s，热扩散和起火概率远高于 LFP 电池。NCM 电池热失控报警早于 LFP 电池，决定于两种电池热失控前的数据特征和热失控预警策略。NCM 电池热失控较为剧烈，电池包内气体压力增加更快，热失控后电池包防爆阀开启早于 LFP 电池。

搭载 NCM 电池的车辆火势剧烈并伴有爆炸（图 5.10a），而搭载 LFP 电池的车辆火势蔓延相对缓慢，燃烧时间长（图 5.10b）。

a）　　　　　　　　　　　　　　b）

图 5.10　搭载 NCM 电池和 LFP 电池的车辆

（2）底部针刺触发火灾

在车辆底部安装针刺仪器，通过针刺某节电芯触发热失控，并持续采集电池系统内温度、车内温度、车内烟气以及图像等信号。产生热失控的同时，电池包防爆阀喷出大量白烟，如图 5.11 所示。根据试验数据，单根针刺发生热扩散的概率为 67.30%，起火概率为 36.50%，热失控后电池包防爆阀均开启，热失控到热扩散的平均时长为 102s，热失控至热失控报警平均时长为 1.35s。在热失控报警方面，针刺触发的热失控报警时效性普遍优于加热触发。

图5.11　针刺触发热失控瞬间

为了进一步对整车火灾防护技术进行验证，招商车研开展多根针针刺触发的整车热扩散试验，同时触发三颗电芯热失控。触发热失控的同时电池包的防爆阀开启，喷出大量白烟，热失控发生6s后，仪表发出热失控文字报警，热失控发生63s后，发生起火爆炸，火焰从电池系统内喷出，如图5.12所示。

图5.12　三根针针刺触发及车辆燃烧瞬间

（3）过充电电芯触发火灾

通过对电池系统某节电芯进行过充电、触发热失控，进行整车热扩散试验。试验过程中持续采集电池系统内温度、车内温度、车内烟气以及图像等信号。针对搭载NCM电池的某车型，对某一节电芯过充电至热失控时，靶电芯具有爆炸的特点，并且在很短的时间发生大规模热扩散，发生爆炸、燃烧，如图 5.13 所示。

图 5.13　电池系统热扩散起火瞬间

（4）充电系统故障触发火灾

针对搭载 LFP 电池的某车型，模拟飞线或线束盘绕下的线束过载充电所引发的火灾事故。购置三无品牌 0.5 平方电线（缆线直径约为 0.8mm，额定电流 3 A），将其盘绕在车辆前照灯下方，采用 1000W 大负载，通电使电线过载运行。55 min 后充电线束环绕位置出现电火花，该点温度为 175.5℃，但是线束未起火，试验结束，如图 5.14 所示。

图 5.14　充电线束过热试验

采用 1000W 加热棒加热充电枪，模拟充电枪过热引起的整车火灾，如图 5.15 所示。开始加热约 2min 充电枪起火，随即切断加热装置电源，车辆开始自燃烧，起火 6min 后车辆故障灯相继点亮，灭火后无复燃。

图 5.15　充电枪过热导致车辆起火

5.3　总结与建议

开展整车火灾测试的车辆，在安全预警提示方面，车内大部分具有热失控文字报警提示功能；在应急救援方面，车辆大部分均具备应急机械开关，有助于车内人员的逃生；在火灾防护方面，车辆在热失控预警 5 min 内均不会进入一级危险状态（电池包有火焰喷出、爆炸，车辆内部有火焰出现）；在数据联动方面，监控平台能够第一时间准确获取车辆状态；同时也存在以下问题：

1）在安全预警提示方面，车内外无热失控声音报警警示，不利于警示车内外人员采取应急措施。

2）在应急救援方面，车辆存在不及时自动解锁的情况，车外人员不能正常打开车门，不利于车外人员采取紧急救援措施。

3）在数据联动方面，后台通过电话与车主联动救援方面，存在严重的滞后现象，甚至无电话联动救援动作。

基于以上问题，给出以下建议：

1）在安全预警提示方面，增加车内热失控声音报警功能策略，例如增加紧急的语音播报热失控信息；增加车外危险警示策略，例如车外语音提示、鸣笛和双闪等一种或多种组合，在停车场、充电站等有人值守的场所，车外警示能够第一时间通知管理人员，进行消防救援，避免更严重的生命财产损失。

2）在应急救援方面，增加电池热失控后车门自动解锁控制策略，该策略需要综合考虑车辆行驶状态，以保证安全疏散，避免二次伤害。

3）在数据联动方面，建议企业完善与车主紧急联系的大数据智能平台，热失控后及时电话联系车主及其紧急联系人，提醒车主采取措施，减少人员和财产损失。

第 6 章

电动汽车火灾
安全技术展望

6.1 观点总结

6.1.1 火灾安全体系急需建立

电动汽车产业规模持续扩大的同时，技术路线多样化发展、技术水平显著提升，其中动力电池能量密度的提升缓解了里程焦虑，换电和增程技术的应用缓解了充电焦虑。现阶段，火灾安全问题是继里程焦虑、充电焦虑后严重制约电动汽车行业持续健康发展的第三大难题，涉及电动汽车整个生命周期的每个环节，包括研发制造、试验验证、安全运输、安全监管、消防救援、事故调查，是一个"本征安全、主动安全、被动安全"协同联动的体系化问题。但是，目前行业缺乏统一有效的车辆火灾安全相关的开发流程，没有形成标准的、体系化的电动汽车火灾防护技术开发方法。

6.1.2 整车火灾安全技术有待提升

近几年，电动汽车火灾安全"新技术、新方案、新概念"层出不穷，如麒麟、神行、弹匣、神盾、大禹、金钟罩等，各企业技术方案呈现差异化发展。但是不难看出，目前火灾防护技术的应用对象主要是电池，对整车层面的火灾防护性能考虑较少。中国电动汽车火灾安全指数测评结果显示，动力电池火灾防护性能有了很大的提升，特别是气凝胶的使用显著提升了 NCM 电池的安全性。但是从整车火灾防护的角度，还存在着报警不及时、应急逃生通道不畅通、车辆控制逻辑不合理、消防救援难度大的情况，对驾乘人员的安全防护、安全疏散及施救人员的快速救援造成不利影响。

6.2　展望建议

随着电动汽车的快速发展，用户一直面临着一些痛点问题，里程焦虑、充电焦虑、安全焦虑在一定程度上制约了电动汽车产业的发展。在电动汽车安全工作层面，各主机厂从电池安全研究逐渐过渡至整车级热、电、碰撞、功能安全性能以及救援安全等更加全面完善的全链路体系化安全设计工作。

下一代电动汽车火灾安全总体发展目标应着眼于降低电动汽车自燃率，减少因碰撞而产生的电池系统爆燃问题，完善电动汽车热失控功能应对策略，大幅前置汽车火灾安全预警提前量，完善热失控时刻或起火时刻车辆控制功能以提升人员逃生可能性，创新整车和电池结构设计，大幅提升扑灭电池火焰可行性等，既要从根本上降低火灾发生概率，又要提升火灾中人员逃生性，同时提升消防救援的操作性。

（1）电动汽车安全标准规范发展路线

2024 年 1 月 17 日，《节能与新能源汽车技术路线图 3.0》（以下简称路线图 3.0）修订工作启动会通过线上线下相结合的方式在中国汽车工程学会太和桥园区成功召开。路线图 3.0 立足汽车产业变革新视角，提出"1+5+X"的研究框架，设置 1 个产业总体研究，节能技术、新能源技术、智能网联技术、共性支撑技术和智能制造技术 5 个技术群研究，以及 26 个专题研究。

高压部件，尤其是电池，还有混合动力中的油液是电动汽车起火的主要原因。目前关于高压部件和油箱已有比较丰富的标准体系来保障运行和极限情况下的整车安全。然而，锂离子动力电池由于其固有特性，电池热失控在所难免，虽然目前无热扩散技术已有个别企业得以实现，但是，并不能完全保证锂离子电池完全不会起火。因此，未来发展路线更多的是新体系电池的开发和应用，如固态电池或钠离子电池。随之而来的是新电池相关的质量、安全相关标准的制定。

在电动汽车火灾事故调查或痕迹分析方面，并无专门的国家标准，目前仅有司法行政行业标准 SF/T 0100—2021《车辆火灾痕迹物证鉴定技术规范》，因此未来为应对火灾事故调查及责任划分，应出台相关的电动汽车整车火灾事故调查标准以及系列化的动力电池、充电机、电驱动等相关的事故调查标准，希望以标准将事故调查规范化，以便快速有效地寻找火灾起因。

（2）动力电池安全防护技术发展路线

锂离子电池的热失控是由机械（如针刺、撞击、挤压等）、电（如过充电、短路等）和热（如过热、火烧等）等滥用情况以及异常的电池老化所引发。在锂离子电池热失控的发展过程中，电池的温度、电压、电流等外部参数以及电池内部的物理和化学信号（应力、应变、产气等）会发生变化，可以基于信号变化开发热失控多层次感知系统。未来的研究方向包括：开发高精度阻抗相移快速监测方法，实现热失控提前预警，利用嵌入式可折叠布拉格光纤传感器监测内部信号，通过测量折射光波长的变化判断电池内部应力和温度变化；采用集成式植入传感器综合采集电池内部温度、气压与应力场，实现热失控早期监测；基于电池气体、力学 - 电化学 - 热学耦合机理，构建多传感器系统，监测电池多组分气体在电池安全状态的变化。

热失控触发的强随机性与复杂性决定了现阶段热失控事故发生的不可避免性，因此热失控火灾事故的主动管控方案至关重要。未来可发展的方向包括：开发高熔值相变材料，降低热失控蔓延过程中的最高温度，进而避免热失控蔓延行为的出现；通过气凝胶和液冷系统的主被动控制协同作用，抑制高能量模组热失控蔓延；开展电池包结构优化和强化设计、过电流过电压安全设计、热管理系统优化、降温灭火及火焰引导等方面的设计来延缓火灾蔓延，实现动力电池火灾事故有效管控。

在动力电池单体本征安全提升方面，传统液态电池的正极材料、电解液、隔离膜等关键材料性能已几乎达到极限。固态电池是传统液态电池的一种升级，能量密度高且安全程度高，是未来电池技术发展的方向。与传统的锂离子电池相比，固态电池具有更高的能量密度、更快的充电速度、更高的安全性和更长的寿命。由于这些优点，固态电池已成为当前电池技术领域的研究热点之一。目前市场上已有电解液用量减少 90%，上下可浮动 5% 的半固态电池出现，但真正意义上的全固态电池的研发和量产是一项非常艰巨的工作，需要产业链上的各方、高校开展合作，联合攻关，有望在未来 3 年逐步进入成熟期，真正开启量产化进程。

电池包安全防护设计方面，当电池发生热失控时，产生的"气 - 固"高温混合物对电池系统带来强烈的热冲击，是解决当前热扩散防护的核心难点之一。当前主流的高压安全防护措施，是在带电等金属部件表面采用耐高温材料进行绝缘防护，防止高温颗粒和烟气对高压导电部件的损伤，常见的材料有隔热垫、耐温橡胶、云母等。而为了能够从根本上避免高温烟气对电池包高压导电部件带来损伤，未来热 - 电分离技术将成为电池包安全防护设计的新方向。热 - 电分离技术指的是在设计上将热失控烟气排出方向和电池系统高压导电部件进行物理空间上的隔离，使电池热失控产生的"气 - 固"高温混合物不对系统高压导电部件带来冲击，避免电池系统内高压部件拉弧进而导致二次危害。

（3）整车安全防护技术发展路线

为了降低因碰撞使高压电池包变形或异常刮底导致的起火事故发生率，整车安全设计层面需对车身架构进行合理化选材与结构设计，创新整车热安全结构设计，保护电池包安全。参考当前国家法规 GB/T 37337—2019《汽车侧面柱碰撞的乘员保护》、欧盟标准 ECE R135.01《车辆侧面柱碰性能》，以及国内第三方测评标准如 C-NCAP、E-NCAP 来验证电动汽车侧面柱碰工况的验证策略无法覆盖全部的事故模型，除 B 柱外其他门槛区域被撞击也会导致电池包变形起火，故在车身架构设计层面上应基于实际事故多种工况出发，进行全尺寸碰撞安全"超标"设计，在撞击过程中吸收、转移撞击能量，以此降低电池包变形风险。

基于整车热安全需求场景开发新型整车级热安全材料。如 CTB、CTC 车身与电池包的直接接触方式，则应进一步考虑电池热失控发生时乘员舱内的防火隔热防护能力。可考虑用于电池包上盖内表面或外表面，以及地毯底部的防火隔热材料，如陶瓷化硅橡胶、膨胀型（单、双组分）防火涂料、非膨胀型有机硅防火涂料等其他新型复合防火隔热材料。但当前业内缺少统一的防火隔热材料的性能标准要求，还有待完善。

开发电池包底部防护吸能材料，降低底部刮底带来的电池变形损伤风险。当前市面上广泛被应用的底部抗石击材料主要为 PVC 涂料，传统抗石击涂层较薄，吸能效果更优的材料仍待开发与应用。

开发动力电池自灭火材料，锂离子电池热失控后电池内部会发生剧烈的化学反应，产生大量助燃气体 O_2 和可燃气体 H_2、CH_4、C_2H_4 等，具有燃爆危险性，故当电池发生热失控时，灭火困难，且灭火后极易复燃。交通部发布的 JT/T 1026—2016《纯电动城市客车通用技术条件》、JT/T 1025—2016《混合动力城市客车技术条件》、JT/T 325—2018《营运客车类型划分及等级评定》明确要求车载动力电池系统应装配具有报警功能的自动灭火装置。以新能源营运客车为代表的动力电池系统普遍使用全氟己酮作为电池热失控抑制剂进行系统设计。我国常用灭火剂种类有液体灭火剂（全氟己酮 $C_6F_{12}O$）气体灭火剂（七氟丙烷 C_3HF_7）和干粉气溶胶灭火剂。

目前对于普通乘用车暂无标准要求必须加装自动灭火装置，主要受限于普通乘用车空间、成本、里程（重量）、灭火能力等原因，现有灭火材料并不适用于普通乘用车，故适合于新能源乘用车的高效灭火材料亟待快速开发并应用上车，同步建立相应国家标准要求。

在整车级安全功能定义与整车软硬件响应技术层面上，主机厂应考虑电气架构平台化与差异化功能定义，细化火灾安全功能响应方案。热失控发生第一时间将车辆危险状态通知到车主（驱赶车内驾乘人员远离车辆）、主机厂、售后及救援团队，车外危险警示。确保车辆在任何状态下均能将车辆唤醒，保证信息快速准确传递，并运行车辆自主防护功能。车辆自主防护功能应包含自动解锁、车窗关闭、空调停止运行并由外循环调至内循环、动力电池冷却系统持续运行至低压供电结束等。综合考虑动力电池热失控时低压供电最优供电设计方案，最大限度地延缓整车火灾蔓延，提升人员逃生与施救可能性。

（4）电动汽车火灾消防救援技术发展路线

电动汽车火灾难以控制和扑灭的同时会持续释放出大量有毒、有害气体，严重威胁环境和救援人员的安全。未来电动汽车火灾消防救援技术发展路线需要综合考虑产品特性、技术、标准、人员素养等多方面因素，以确保对电动汽车火灾事件的应对更加高效和安全。

在技术层面应开发智能化的火灾识别系统，通过传感器和数据分析技术，实现对电动汽车火灾的快速准确识别；研发更先进的动力电池防火系统，包括火灾自动扑灭系统、隔热材料等，提高动力电池组的火灾抵抗能力；开发专门针对电动汽车火灾的救援装备，包括防火服、防爆设备、电池破拆工具等，提高救援效率和安全性。

同时需要制定统一的电动汽车火灾救援标准，包括火灾现场处置程序、救援人员培训要求、装备规范等，确保救援工作的标准化和规范化。加强对消防人员和救援人员的培训，提高其对电动汽车火灾的应对能力和专业水平，包括火灾识别、动力电池处理、应急处置等方面的技能。

最后，政府监管部门、消防部门和汽车制造商应多方合作，建立"人-车-防"的协同救援机制，提高整体救援能力；建立电动汽车火灾救援信息共享平台，实时分享火灾事故数据、救援经验和最佳实践，提高全国救援能力和水平。

附　录

附录 A 2019 年电动汽车火灾事故信息

日期	地点	电池类型	车辆状态
1月3日	邯郸	—	行驶中起火
1月9日	信阳	—	静置时起火
2月27日	深圳	—	行驶中起火
3月	深圳	—	充电中起火
3月2日	长沙	—	充电中起火
3月8日	上海	—	充电中起火
3月26日	广州	—	静置时起火
3月25日	深圳	—	静置时起火
4月7日	杭州	—	充电中起火
4月21日	上海	—	静置时起火
4月22日	杭州	—	静置时起火
4月23日	杭州	—	行驶中起火
4月23日	绥阳	—	行驶中起火
4月24日	湖北	—	静置时起火
5月4日	杭州	—	静置时起火
5月14日	香港	—	静置时起火
5月16日	上海	—	静置时起火
5月17日	定州	—	行驶中起火

（续）

日期	地点	电池类型	车辆状态
6月3日	宜春	—	行驶中起火
6月14日	武汉	—	
6月13日	重庆	—	充电中起火
6月18日	—	—	静置时起火
6月19日	重庆	—	充电中起火
6月24日	西安	—	—
6月24日	南昌	—	充电中起火
6月26日	禄口	—	行驶中起火
6月26日	临颍	—	—
6月27日	石家庄	—	静置时起火
7月2日	西安	—	行驶中起火
7月2日	盐城	—	静置时起火
7月5日	武汉	—	充电中起火
7月7日	长沙县	—	静置时起火
7月8日	成都	—	行驶中起火
7月11日	金华	—	行驶中起火
7月12日	江西	—	—
7月18日	北京	—	静置时起火
7月25日	西安	—	行驶中起火
8月	宁波	—	静置时起火
8月1日	西安	—	行驶中起火
8月2日	遵义	—	静置时起火
8月4日	杭州	—	行驶中起火
8月8日	开封	—	静置时起火

（续）

日期	地点	电池类型	车辆状态
8 月 10 日	南宁	—	行驶中起火
8 月 11 日	—	—	充电中起火
8 月 13 日	—	—	—
8 月 15 日	西安	—	—
8 月 23 日	西安	—	充电中起火
9 月	—	—	静置时起火
9 月 14 日	洛阳	—	—
9 月 23 日	温州	—	行驶中起火
9 月 27 日	南京	—	—
10 月 15 日	杭州	—	充电中起火
10 月 17 日	杭州	—	行驶中起火
10 月 30 日	昆明	—	充电中起火
10 月 30 日	哈尔滨	—	行驶中起火
11 月 4 日	绍兴	—	静置时起火
11 月 12 日	—	—	—
11 月 21 日	绍兴	—	—
11 月 22 日	郑州	—	—
12 月 3 日	上海	—	行驶中起火
1 月 3 日	邯郸	—	行驶中起火

附录 B　2020 年电动汽车火灾事故信息

日期	地点	电池类型	车辆状态
5 月 4 日	广东大鹏新区惠深沿海高速溪涌检查站	—	行驶中起火
5 月 7 日	浙江杭州萧山 104 国道与新城路交叉口	—	行驶中起火
5 月 8 日	长沙	—	行驶中起火
5 月 8 日	东莞	—	充电中起火
5 月 18 日	广州	—	静置时起火
5 月 26 日	深圳	—	行驶中起火
5 月 28 日	深圳	—	静置时起火
6 月 5 日	浙江长兴	—	—
5 月 1 日	南京	—	静置时起火
6 月 16 日	江西（疑似南昌）	—	行驶中起火
6 月 22 日	河北保定	—	静置时起火
6 月 23 日	河南郑州	—	静置时起火
6 月 27 日	浙江杭州	—	静置时起火
6 月 28 日	浙江杭州	—	—
7 月 1 日	重庆	—	静置时起火

（续）

日期	地点	电池类型	车辆状态
7月4日	安徽六安皋城路与经三路交叉口	—	静置时起火
7月7日	厦门	—	—
7月8日	广东惠州大道喜悦酒店加油站路口	—	静置时起火
7月11日	徐州铜山区机关加油站旁的新能源充电站	—	充电中起火
7月12日	上海G1503绕城高速	—	行驶中起火
7月13日	不明	—	静置时起火
7月13日	山西阳泉	—	—
7月14日	江苏	—	静置时起火
7月22日	广东珠海	—	充电中起火
7月27日	上海	—	静置时起火
7月29日	河南安阳	—	充电中起火
8月3日	上海	—	行驶中起火
8月3日	盐城	—	行驶中起火
8月3日	大连	—	—
8月6日	无锡	—	充电中起火
8月6日	广东	—	充电中起火
8月6日	广东肇庆	—	行驶中起火
8月7日	山东菏泽恒盛大市场	—	静置时起火
8月11日	广州	—	静置时起火
8月11日	青岛	—	静置时起火
8月12日	深圳	—	静置时起火

（续）

日期	地点	电池类型	车辆状态
8月15日	宁波	—	静置时起火
8月15日	高速公路杭州方向离诸暨2公里	—	行驶中起火
8月16日	太原	—	充电中起火
8月16日	陕西子长	—	静置时起火
8月20日	福建三明	—	静置时起火
8月21日	上海S20外环高速内圈，离凌海路下匝道不到五百米左右一号车道	—	行驶中起火
8月23日	海南省海口琼山区	—	行驶中起火
8月25日	在武汉市武湖正街与汉施公路交会路口	—	行驶中起火
8月27日	长沙万家丽路永济医院对面	—	—
8月28日	厦门	—	—
8月29日	山西阳泉	—	充电中起火
9月9日	海南海口	—	充电中起火
9月12日	海南海口	—	静置时起火
9月22日	北京海淀区平道口南路	—	静置时起火
10月5日	福建邵武	—	静置时起火
10月13日	福建邵武	—	—
10月14日	江苏泰州	—	行驶中起火
10月14日	浙江杭州	—	充电中起火
10月23日	福建莆田	—	静置时起火
10月26日	山西运城黄金水岸小区门口	—	行驶中起火

（续）

日期	地点	电池类型	车辆状态
10 月 27 日	北京中科院力学所	—	静置时起火
10 月 28 日	山东烟台长宁路特来电充电站	—	充电中起火
11 月 6 日	江西萍乡高铁站长运停车场	—	静置时起火
11 月 6 日	海南省海口市海甸岛四西路	—	静置时起火
11 月 17 日	京平高速西向东下京密路口附近	—	静置时起火

附录 C 2021 年电动汽车火灾事故信息

日期	地点	电池类型	车辆状态
1月3日	福建莆田	纯电三元	道路中起火
1月9日	—	纯电	静置时起火
1月10日	上海延安路高架	插电混动	行驶中自燃
1月19日	上海闵行区	纯电三元	行驶中起火
1月25日	广东中山	纯电三元	充电时自燃
2月7日	广东肇庆	纯电三元	行驶中或静置中起火
2月20日	广州天河	纯电三元	静置时起火
3月19日	安徽六安	—	行驶中起火
4月7日	浙江杭州	纯电三元	充电中起火
4月14日	广东深圳	纯电磷铁	静置起火
4月14日	广州天河	纯电	充电起火
4月15日	广州	纯电三元	街头起火
4月17日	广东东莞	纯电三元	撞击起火
5月6日	河南郑州	磷铁	停车休息中起火
5月7日	江苏南通	纯电三元	行驶中自燃
5月19日	广州南沙	纯电三元	驾驶中撞树
5月25日	浙江杭州	纯电三元	驾驶中起火
5月26日	广东深圳	纯电磷铁	行驶中自燃

（续）

日期	地点	电池类型	车辆状态
5月28日	广东河源	纯电三元	充电中起火
5月31日	广东中山	—	静置时起火
6月2日	—	纯电三元	行驶中起火
6月3日	—	纯电	充电时自燃
6月3日	江西萍乡	—	静置时自燃
6月4日	—	纯电动	行驶中起火
6月5日	上海黄渝	纯电三元	静置时自燃
6月5日	—	纯电	行驶中起火
6月14日	河南省	三元锂电池	行驶中自燃
6月19日	安徽省宿州市	三元锂电池	行驶中自燃
6月22日	河南省濮阳市	磷酸铁锂电池	静置起火
6月23日	湖南长沙	—	行驶中自燃
6月25日	江西省萍乡市	三元锂电池	停车自燃
7月2日	安徽省淮北市	—	行驶中自燃
7月3日	广东深圳	三元锂电池	起火
7月3日	山西太原	—	充电时自燃
7月7日	苏州工业园区	磷酸铁锂电池	起火
7月7日	—	纯电	起火
7月11日	广东深圳	纯电	充电桩异常
7月14日	河南郑州	三元锂电池	起火并爆炸
7月15日	福建厦门	三元锂电池	充电中自燃
7月17日	海南海口	三元锂电池	充电站起火
7月18日	—	纯电	充电时起火
7月19日	湖南长沙	—	行驶中自燃

（续）

日期	地点	电池类型	车辆状态
7月19日	江苏滁州	纯电	静置起火
7月20日	山西太原	—	充电中自燃
7月20日	安徽铜陵	磷酸铁锂电池	停车自燃
7月24日	北京	—	碰撞测试后48h自燃
7月28日	广东江门	纯电	行驶中起火
7月30日	上海浦东新区	三元锂电池	撞击起火
7月31日	广西西宁	三元锂电池	充电中自燃
8月1日	上海	—	行驶中自燃
8月2日	辽宁大连	—	行驶中自燃
8月2日	山东济宁	三元锂电池	停车自燃
8月3日	河南郑州	—	行驶中自燃
8月3日	安徽马鞍山	—	行驶中自燃
8月5日	广东中山	—	停车自燃
8月6日	黑龙江哈尔滨	—	行驶中自燃
8月6日	—	—	行驶中起火
8月7日	江苏昆山	磷酸铁锂电池	行驶中起火
8月14日	山东济南	—	行驶中自燃
8月16日	湖南湘潭	—	行驶中自燃

附录 D　2022 年电动汽车火灾事故信息

日期	地点	电池类型	车辆状态
1 月 12 日	—	三元锂电池	充电时起火
1 月 13 日	天津或河北周边	磷酸铁锂电池	静置时起火
1 月 20 日	海南三亚	三元锂电池	行驶中起火
1 月 26 日	上海	磷酸铁锂电池	静置时起火
1 月 28 日	福建三明	磷酸铁锂电池	静置时起火
2 月 13 日	广东中山	磷酸铁锂电池	行驶中起火
2 月 24 日	四川成都	—	充电时起火
2 月 24 日	—	三元锂电池	静置时起火
2 月 25 日	—	三元锂电池	碰撞起火
3 月 19 日	上海	磷酸铁锂电池	静置时起火
3 月 20 日	—	磷酸铁锂电池	—
3 月 23 日	浙江杭州	磷酸铁锂电池	—
3 月 25 日	上海	磷酸铁锂电池	静置时起火
3 月 28 日	广东深圳	三元锂电池	静置时起火
4 月 2 日	广东韶关	磷酸铁锂电池	静置时起火
4 月 5 日	四川成都	三元锂电池	充电时起火
4 月 6 日	广西南宁	三元锂电池	静置时起火
4 月 6 日	广东江门	—	静置时起火

（续）

日期	地点	电池类型	车辆状态
4月11日	四川成都	—	行驶中起火
4月15日	海南三亚	磷酸铁锂电池	静置时起火
4月18日	辽宁大连	—	碰撞起火
4月18日	海南海口	三元锂电池	充电时起火
5月5日	广东深圳	三元锂电池	充电时起火
5月8日	—	三元锂电池	行驶中起火
5月12日	香港	三元锂电池	静置时起火
5月13日	广东广州	三元锂电池	充电时起火
5月27日	山西太原	—	充电时起火
5月28日	广东深圳	磷酸铁锂电池	—
5月30日	北京顺义	—	静置时起火
5月31日	上海	磷酸铁锂电池	静置时起火
6月6日	广西贵港	磷酸铁锂电池	行驶中起火
6月6日	广东佛山	磷酸铁锂电池	行驶中起火
6月11日	广东河源	—	充电时起火
6月11日	广东河源	—	静置时起火
6月12日	广东珠海	磷酸铁锂电池	静置时起火
6月13日	内蒙古鄂尔多斯	磷酸铁锂电池	静置时起火
6月14日	上海	磷酸铁锂电池	静置时起火
6月21日	广东佛山	三元锂电池	静置时起火
6月26日	深圳平湖	磷酸铁锂电池	静置时起火
6月26日	湖北襄阳	三元锂电池	静置时起火
7月2日	—	—	充电时起火
7月3日	上海	三元锂电池	行驶中起火

（续）

日期	地点	电池类型	车辆状态
7月5日	上海	三元锂电池	碰撞起火
7月6日	山东济宁	三元锂电池	行驶中起火
7月7日	湖南长沙	三元锂电池	行驶中起火
7月9日	广西南宁	—	静置时起火
7月14日	广东东莞	三元锂电池	充电时起火
7月21日	浙江杭州	—	碰撞起火
7月22日	台湾桃园	三元锂电池	碰撞起火
7月26日	河南郑州	三元锂电池	行驶中起火
8月1日	广东深圳	磷酸铁锂电池	静置时起火
8月1日	四川成都	三元锂电池	行驶中起火
8月2日	浙江温州	三元锂电池	充电时起火
8月12日	浙江杭州	—	静置时起火
8月12日	广东广州	—	行驶中起火
8月15日	山西太原	三元锂电池	充电时起火
8月16日	四川阆中	磷酸铁锂电池	行驶中起火
8月19日	安徽合肥	—	静置时起火
8月24日	北京朝阳	三元锂电池	静置时起火
8月29日	福建厦门	三元锂电池	充电时起火
8月31日	河南开封	三元锂电池	静置时起火
9月1日	北京市怀柔区	三元锂电池	静置时起火
9月5日	江苏苏州	三元锂电池	碰撞起火
9月8日	江苏扬州	三元锂电池	行驶中起火
9月10日	江苏镇江	三元锂电池	静置时起火
9月16日	江苏常州	磷酸铁锂电池	碰撞起火

（续）

日期	地点	电池类型	车辆状态
9 月 19 日	广东广州	三元锂电池	行驶中起火
9 月 29 日	四川成都	磷酸铁锂电池	充电时起火
10 月 25 日	湖南邵阳	三元锂电池	静置时起火
10 月 28 日	山东烟台	磷酸铁锂电池	行驶中起火
11 月 15 日	河南南阳	磷酸铁锂电池	静置时起火
11 月 24 日	北京中关村	磷酸铁锂电池	充电时起火
11 月初	江苏	三元锂电池	静置时起火
11 月初	西安	三元锂电池	—
11 月 10 日	山东济南	三元锂电池	电池短路

附录 E　2023 年电动汽车火灾事故信息

日期	地点	电池类型	车辆状态
1 月 11 日	江苏	三元锂电池	静置时起火
1 月 14 日	遵义市	三元锂电池	静置时起火
1 月 23 日	郑州	三元锂电池	行驶中起火
1 月 26 日	湖南长沙	—	充电时起火
1 月 27 日	—	三元锂电池	充电时起火
1 月 27 日	梅州	三元锂电池	充电时起火
1 月 27 日	潮汕	三元锂电池	静置时起火
1 月 29 日	济南	三元锂电池	静置时起火
2 月 4 日	昌江	三元锂电池	充电时起火
2 月 6 日	深圳	三元锂电池	行驶中起火
2 月 8 日	呼和浩特	三元锂电池	静置时起火
2 月 9 日	深圳	三元锂电池	行驶中起火
2 月 11 日	杭州	三元锂电池	静置时起火
2 月 12 日	西安	三元锂电池	行驶中起火
2 月 12 日	金华	三元锂电池	行驶中起火
2 月 13 日	中山	磷酸铁锂电池	静置时起火
2 月 13 日	东莞	磷酸铁锂电池	充电时起火
2 月 14 日	—	磷酸铁锂电池	行驶中起火

（续）

日期	地点	电池类型	车辆状态
2月14日	—	磷酸铁锂电池	行驶中起火
2月15日	—	三元锂电池	行驶中起火
2月15日	保定	三元锂电池	充电时起火
2月16日	邯郸	磷酸铁锂电池	行驶中起火
2月16日	—	磷酸铁锂电池	行驶中起火
2月17日	山东烟台	磷酸铁锂电池	静置时起火
2月17日	—	磷酸铁锂电池	行驶中起火
2月18日	惠州	磷酸铁锂电池	行驶中起火
2月21日	东莞	磷酸铁锂电池	行驶中起火
2月22日	芜湖	三元锂电池	行驶中起火
2月23日	渝北	磷酸铁锂电池	静置时起火
2月25日	深圳	磷酸铁锂电池	静置时起火
2月25日	惠安	磷酸铁锂电池	充电时起火
2月25日	—	三元锂电池	充电时起火
2月26日	湖北	磷酸铁锂电池	行驶中起火
2月26日	广东深圳	三元锂电池	充电时起火
2月26日	台州	磷酸铁锂电池	行驶中起火
2月27日	随州	三元锂电池	行驶中起火
2月27日	黄冈	磷酸铁锂电池	充电时起火
2月27日	青岛	三元锂电池	充电时起火
3月3日	佛山	—	静置时起火
3月3日	深圳	三元锂电池	行驶中起火
3月4日	义乌	磷酸铁锂电池	静置时起火
3月4日	德阳	三元锂电池	静置时起火

（续）

日期	地点	电池类型	车辆状态
3月6日	贺州	磷酸铁锂电池	静置时起火
3月12日	—	磷酸铁锂电池	充电时起火
3月12日	—	磷酸铁锂电池	静置时起火
3月14日	山东	—	行驶中起火
3月15日	武汉	三元锂电池	行驶中起火
3月15日	六盘水	三元锂电池	充电时起火
3月18日	龙岩	磷酸铁锂电池	充电时起火
3月18日	上海	三元锂电池	行驶中起火
3月19日	太原	三元锂电池	充电时起火
3月19日	—	三元锂电池	行驶中起火
3月19日	—	三元锂电池	充电时起火
3月23日	潮汕	三元锂电池	静置时起火
3月23日	三亚	—	充电时起火
3月24日	深圳	三元锂电池	静置时起火
3月24日	嘉兴	磷酸铁锂电池	静置时起火
3月25日	东莞	磷酸铁锂电池	行驶中起火
3月27日	平顶山	三元锂电池	充电时起火
3月28日	广东深圳	三元锂电池	静置时起火
3月29日	广州	三元锂电池	静置时起火
3月30日	天津	磷酸铁锂电池	静置时起火
3月30日	广州	磷酸铁锂电池	行驶中起火
3月31日	武汉	三元锂电池	行驶中起火
4月1日	杭州	三元锂电池	行驶中起火
4月1日	武汉	三元锂电池	行驶中起火

（续）

日期	地点	电池类型	车辆状态
4月2日	上海	三元锂电池	行驶中起火
4月2日	龙岩	三元锂电池	充电时起火
4月2日	深圳	三元锂电池	行驶中起火
4月3日	三亚	三元锂电池	行驶中起火
4月3日	—	磷酸铁锂电池	行驶中起火
4月5日	梧州	磷酸铁锂电池	行驶中起火
4月7日	宁波	三元锂电池	静置时起火
4月10日	福州	磷酸铁锂电池	充电时起火
4月10日	广州	—	静置时起火
4月11日	西安	磷酸铁锂电池	静置时起火
4月11日	深圳	磷酸铁锂电池	充电时起火
4月11日	浠水	磷酸铁锂电池	行驶中起火
4月13日	嘉兴	三元锂电池	静置时起火
4月13日	佛山	—	充电时起火
4月14日	重庆	三元锂电池	行驶中起火
4月14日	—	—	充电时起火
4月15日	—	三元锂电池	充电时起火
4月16日	焦作	磷酸铁锂电池	行驶中起火
4月17日	—	三元锂电池	行驶中起火
4月20日	—	—	静置时起火
4月20日	西安	三元锂电池	静置时起火
4月21日	杭州	—	充电时起火
4月21日	成都	三元锂电池	充电时起火
4月21日	—	三元锂电池	静置时起火

（续）

日期	地点	电池类型	车辆状态
4 月 23 日	衢州	磷酸铁锂电池	静置时起火
4 月 23 日	—	三元锂电池	静置时起火
4 月 23 日	万宁	磷酸铁锂电池	静置时起火
4 月 23 日	厦门	磷酸铁锂电池	行驶中起火
4 月 23 日	深圳	磷酸铁锂电池	静置时起火
4 月 24 日	三明	三元锂电池	行驶中起火
4 月 24 日	文昌	磷酸铁锂电池	静置时起火
4 月 25 日	漳州	磷酸铁锂电池	行驶中起火
4 月 25 日	广州	—	行驶中起火
4 月 25 日	—	三元锂电池	行驶中起火
4 月 27 日	东阳	—	行驶中起火
4 月 29 日	保定	—	静置时起火
5 月 2 日	深圳	磷酸铁锂电池	静置时起火
5 月 3 日	宝鸡	三元锂电池	充电时起火
5 月 4 日	东莞	三元锂电池	行驶中起火
5 月 4 日	—	三元锂电池	行驶中起火
5 月 6 日	杭州	—	行驶中起火
5 月 6 日	增城	—	行驶中起火
5 月 7 日	南京	—	静置时起火
5 月 8 日	清远	三元锂电池	充电时起火
5 月 8 日	萍乡	三元锂电池	充电时起火
5 月 9 日	六盘水	三元锂电池	行驶中起火
5 月 10 日	哈尔滨	三元锂电池	静置时起火
5 月 11 日	合肥	三元锂电池	静置时起火

（续）

日期	地点	电池类型	车辆状态
5月11日	昆明	三元锂电池	充电时起火
5月14日	江苏苏州	磷酸铁锂电池	行驶中起火
5月14日	—	三元锂电池	行驶中起火
5月20日	—	磷酸铁锂电池	静置时起火
5月20日	博白	磷酸铁锂电池	行驶中起火
5月26日	松江	三元锂电池	行驶中起火
5月28日	南宁	磷酸铁锂电池	静置时起火
5月28日	来宾	三元锂电池	静置时起火
5月30日	曲靖	—	行驶中起火
5月31日	太原	三元锂电池	充电时起火
6月1日	杭州	三元锂电池	行驶中起火
6月1日	济宁	磷酸铁锂电池	静置时起火
6月2日	南昌	三元锂电池	行驶中起火
6月3日	盐城	—	行驶中起火
6月3日	枣庄	三元锂电池	行驶中起火
6月5日	苏州	三元锂电池	行驶中起火
6月5日	杭州	三元锂电池	行驶中起火
6月6日	西安	三元锂电池	静置时起火
6月8日	阜阳	—	行驶中起火
6月9日	绍兴	三元锂电池	静置时起火
6月9日	绍兴	—	行驶中起火
6月9日	淄博	磷酸铁锂电池	行驶中起火
6月10日	杭州	三元锂电池	行驶中起火
6月11日	丹东	—	行驶中起火

（续）

日期	地点	电池类型	车辆状态
6月12日	襄阳	三元锂电池	静置时起火
6月12日	上海	三元锂电池	静置时起火
6月13日	云南昆明	三元锂电池	充电时起火
6月13日	滁州	三元锂电池	静置时起火
6月13日	厦门	三元锂电池	行驶中起火
6月15日	金华	三元锂电池	静置时起火
6月18日	深圳	三元锂电池	行驶中起火
6月19日	日照	—	行驶中起火
6月21日	河源	三元锂电池	行驶中起火
6月25日	安徽六安	三元锂电池	静置时起火
6月25日	太原	三元锂电池	充电时起火
6月26日	成都	—	静置时起火
6月28日	浙江嘉兴	三元锂电池	行驶中起火
6月28日	萍乡	三元锂电池	充电时起火
6月29日	襄阳	三元锂电池	充电时起火
6月29日	嘉兴	三元锂电池	行驶中起火
6月30日	保山	—	充电时起火
6月30日	开封	三元锂电池	充电时起火
7月1日	杭州	三元锂电池	行驶中起火
7月1日	—	三元锂电池	行驶中起火
7月1日	聊城	三元锂电池	充电时起火
7月3日	临沂	三元锂电池	充电时起火
7月4日	保定	三元锂电池	静置时起火
7月10日	衡阳	三元锂电池	静置时起火

（续）

日期	地点	电池类型	车辆状态
7月10日	许昌	三元锂电池	静置时起火
7月11日	武汉	磷酸铁锂电池	静置时起火
7月11日	闵行	三元锂电池	行驶中起火
7月13日	厦门	三元锂电池	行驶中起火
7月13日	河池	磷酸铁锂电池	静置时起火
7月13日	深圳	三元锂电池	行驶中起火
7月14日	咸宁	三元锂电池	静置时起火
7月16日	莆田	三元锂电池	静置时起火
7月17日	临汾	三元锂电池	静置时起火
7月17日	洪洞	三元锂电池	静置时起火
7月17日	益阳	三元锂电池	行驶中起火
7月18日	延安	三元锂电池	充电时起火
7月19日	济南	磷酸铁锂电池	行驶中起火
7月19日	西安	三元锂电池	行驶中起火
7月19日	镇江	三元锂电池	充电时起火
7月19日	邯郸	三元锂电池	静置时起火
7月20日	陕西安康	—	静置时起火
7月20日	大兴	三元锂电池	行驶中起火
7月21日	宁德	三元锂电池	行驶中起火
7月22日	邯郸	三元锂电池	静置时起火
7月22日	嘉定	三元锂电池	静置时起火
7月24日	四川	三元锂电池	静置时起火
7月24日	济南	三元锂电池	行驶中起火
7月24日	阳泉	三元锂电池	充电时起火

（续）

日期	地点	电池类型	车辆状态
7月27日	广州东莞	—	行驶中起火
7月27日	赣州	三元锂电池	充电时起火
7月27日	青岛	三元锂电池	行驶中起火
7月27日	东莞	三元锂电池	行驶中起火
7月28日	—	三元锂电池	充电时起火
7月28日	徐州	三元锂电池	静置时起火
7月29日	乐山	三元锂电池	行驶中起火
8月1日	义乌	三元锂电池	行驶中起火
8月3日	厦门	三元锂电池	行驶中起火
8月3日	台州	三元锂电池	静置时起火
8月5日	福州	三元锂电池	充电时起火
8月8日	遵义	三元锂电池	行驶中起火
8月8日	成都	三元锂电池	行驶中起火
8月9日	云浮	三元锂电池	静置时起火
8月10日	嘉兴	三元锂电池	充电时起火
8月11日	衡阳	三元锂电池	行驶中起火
8月12日	—	—	行驶中起火
8月12日	天津	三元锂电池	行驶中起火
8月13日	成都	三元锂电池	行驶中起火
8月15日	南江	三元锂电池	静置时起火
8月16日	徐州	三元锂电池	静置时起火
8月16日	宜宾	三元锂电池	静置时起火
8月17日	毕节	磷酸铁锂电池	静置时起火
8月18日	宁波	三元锂电池	行驶中起火

（续）

日期	地点	电池类型	车辆状态
8月20日	南京	三元锂电池	行驶中起火
8月21日	常德	三元锂电池	充电时起火
8月23日	芜湖	三元锂电池	行驶中起火
8月23日	龙岩	三元锂电池	静置时起火
8月24日	长沙	三元锂电池	行驶中起火
8月24日	青岛	三元锂电池	静置时起火
8月25日	福州仓山	—	静置时起火
8月25日	淮南	三元锂电池	静置时起火
8月25日	太原	三元锂电池	行驶中起火
8月27日	海口	—	充电时起火
8月27日	金华	三元锂电池	行驶中起火
8月27日	银川	磷酸铁锂电池	静置时起火
8月27日	太原	三元锂电池	行驶中起火
8月28日	德州	三元锂电池	充电时起火
8月29日	重庆江北长江大桥	三元锂电池	行驶中起火
8月29日	赣州	三元锂电池	充电时起火
8月31日	四川雅安	—	行驶中起火
9月1日	楚雄	三元锂电池	行驶中起火
9月1日	温州	三元锂电池	充电时起火
9月1日	淮安	磷酸铁锂电池	行驶中起火
9月5日	沈阳	—	静置时起火
9月5日	南昌	—	行驶中起火
9月6日	广东	—	充电时起火
9月6日	十堰	三元锂电池	充电时起火

（续）

日期	地点	电池类型	车辆状态
9月6日	忻州	三元锂电池	行驶中起火
9月6日	阳江	—	充电时起火
9月7日	重庆	三元锂电池	行驶中起火
9月7日	西安	三元锂电池	行驶中起火
9月8日	太原	三元锂电池	行驶中起火
9月9日	宜宾	—	充电时起火
9月9日	宜宾	—	静置时起火
9月9日	成都	三元锂电池	行驶中起火
9月15日	海口	三元锂电池	行驶中起火
9月19日	上海	—	充电时起火
9月19日	衡阳	三元锂电池	行驶中起火
9月22日	成都	三元锂电池	充电时起火
9月23日	临汾	三元锂电池	行驶中起火
9月24日	重庆江北区	三元锂电池	行驶中起火
10月1日	浙江衢州	—	行驶中起火
10月1日	福建莆田	—	行驶中起火
10月7日	河南许昌	—	静置时起火
10月7日	安徽黄山	—	行驶中起火
10月16日	广州	—	行驶中起火
10月17日	广州	—	充电时起火
10月20日	湖北武汉	—	行驶中起火
10月28日	山西太原	—	充电时起火
10月29日	珠海香洲	—	行驶中起火
10月31日	浙江绍兴嵊州	—	行驶中起火

（续）

日期	地点	电池类型	车辆状态
11 月 4 日	海南海口	—	行驶中起火
11 月 13 日	—	—	静置时起火
11 月 15 日	重庆	—	静置时起火
11 月 16 日	陕西西安	—	静置时起火
11 月 17 日	广东广州	—	充电时起火
12 月 12 日	广东东莞	—	静置时起火
12 月 18 日	四川乐山	—	静置时起火
12 月 20 日	江苏苏州	—	行驶中起火